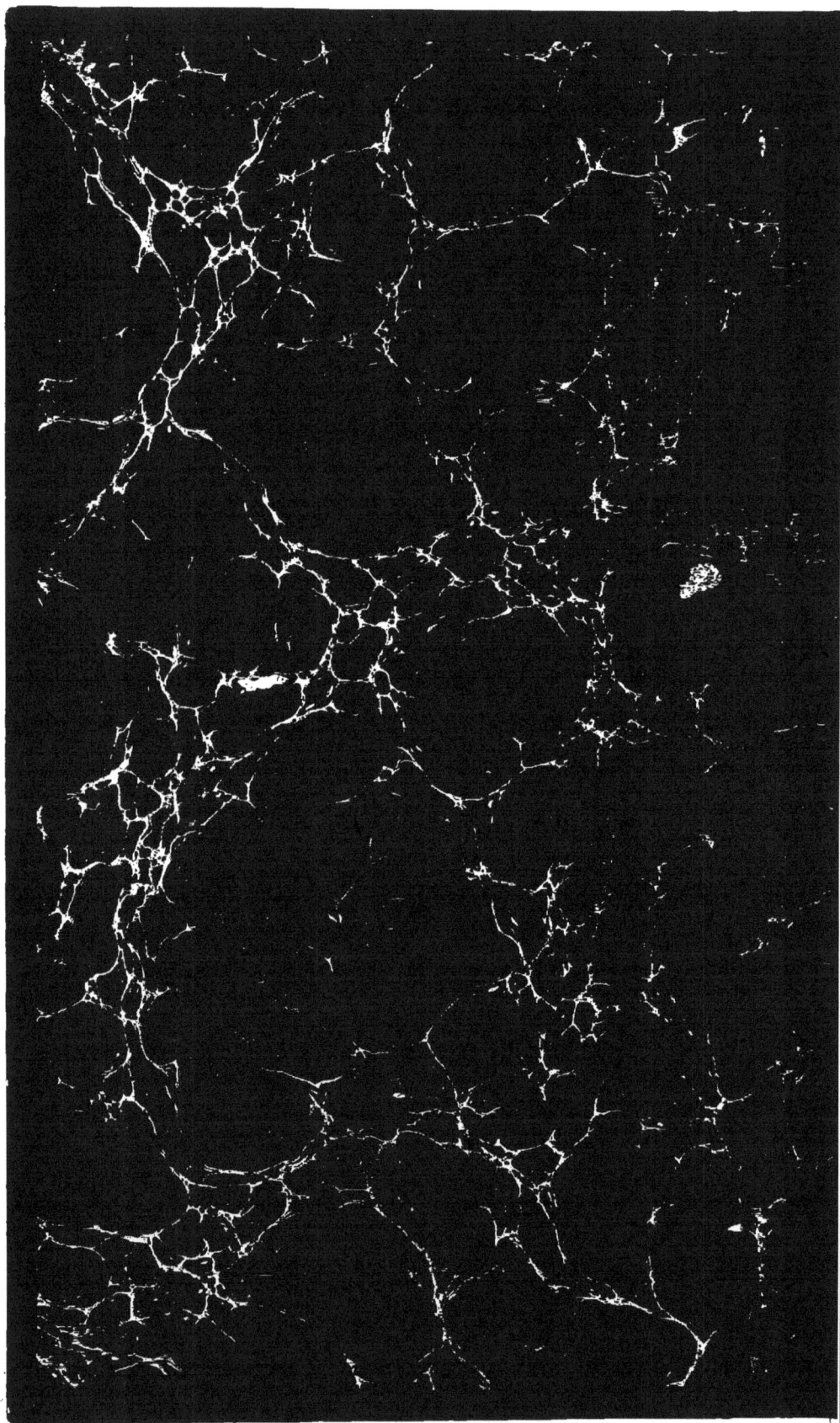

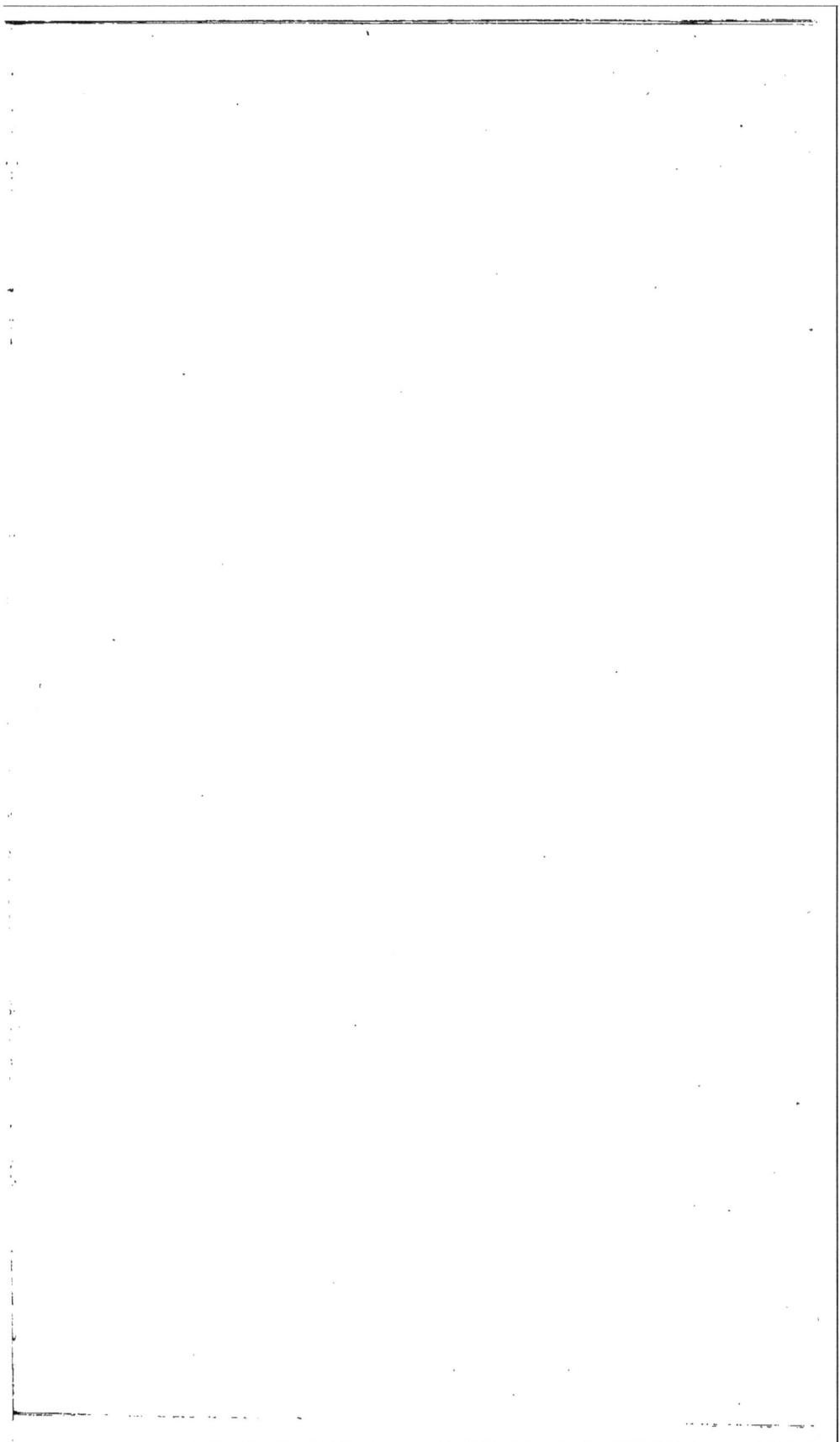

RELATION

Contenant le détail de la part que le feu Duc DE CARAMAN a prise
à la première expédition de Constantine en 1836.

RELATION

CONTENANT LE DÉTAIL DE LA PART QUE LE

FEU DUC DE CARAMAN A PRISE

A LA PREMIÈRE EXPÉDITION DE CONSTANTINE

EN 1836,

pour servir à l'histoire de cette campagne.

———

FRAGMENT TIRÉ DE SES MÉMOIRES INÉDITS.

———

... plerique, suam ipsi vitam narrare, fiduciam
potiùs morum, quam arrogantiam arbitrati sunt.

TACITE, Vie d'Agricola.

Plusieurs ont pensé, que raconter soi-même sa
propre vie, était de la confiance en sa conduite
plutôt que de la présomption.

A TOULOUSE,
chez BELLEGARRIGUE,
Imprimeur-Libraire, rue
des Filatiers, 40.

A PARIS,
chez MONGIE, Libraire,
rue Royale, 4.

———

1843.

* * *

J'avais formé le projet

de placer sous les auspices

du Prince de Chimay mon

oncle, la publication de

ces pages aussi honorables

pour la mémoire de son

frère, que précieuses pour

nos annales particulières,

et je m'en occupais pen-

dant le temps que j'ai passé

ici avec lui pour y défen-

dre les intérêts de notre

famille. Le malheur que

nous venons d'éprouver en

le perdant ne me permet

plus aujourd'hui que de

rappeler mon intention, en les offrant toutefois encore à son souvenir si cher, comme un témoignage de ma tendre affection et de mes profonds regrets.

Cte G. DE **CARAMAN.**

Toulouse, *Mars* 1843.

Le Journal des *Débats*, du 12 juin 1841, a déjà fait connaître une partie de la relation suivante qui, ainsi qu'il sera facile de s'en convaincre en la parcourant, n'avait été écrite par le feu duc de Caraman que pour lui et sa famille. Nous croyons rendre un nouvel hommage à sa mémoire en la publiant en entier. Nous y avons joint quelques notes et des détails supplémentaires appartenant à d'autres temps sans doute, mais qui nous ont paru de nature à pouvoir réclamer leur place dans l'ensemble de nos annales militaires. La première communication de cet écrit, qui fut faite à la société archéologique de Béziers, était accompagnée d'une lettre adressée à son président, et dont nous croyons devoir reproduire ici l'extrait qui servira ainsi, à la fois, d'explication et de préface.

PARIS, ce 6 mai 1841.

MONSIEUR LE PRÉSIDENT,

J'éprouve un vif regret d'avoir à vous *envoyer* seulement ce que j'aurais voulu pouvoir vous *porter* moi-même ; néanmoins j'ai pensé que la communication de ce premier fragment des mémoires de mon père, dont la rédaction l'occupait encore au milieu de la maladie qui nous l'a enlevé, était un hommage dû à ceux qui l'avaient accueilli lui-même avec tant d'empressement, et auxquels notre famille toute entière a de si grandes obligations pour la part si active prise à l'achèvement du monument érigé à notre aïeul.

Enfans du midi de la France , rattachés particulièrement à Béziers par des souvenirs bien précieux pour nous , nous sommes toujours heureux , Monsieur le Président , d'avoir à exprimer les sentimens d'affection et de reconnaissance que doivent exciter en nous ceux que nous y retrouvons avec tant de bonheur. Il s'établit ainsi comme conséquence de cette impression toujours· vivante d'un grand service rendu au pays , et des devoirs imposés aux descendans de celui qui en eut l'honneur, une solidarité de confiance et de bienveillance réciproques , qui a fondé et maintient des relations bien douces à conserver. Vous vous en êtes fait l'interprète, Monsieur le Président, lorsque votre voix , à la fois éloquente et amie, a fait entendre, l'année dernière, l'éloge de celui dont nous déplorions alors la perte récente. La lecture de quelques-unes de ces pages , si la Société veut bien l'agréer , ne pouvait être

confiée à personne mieux qu'à vous, et
j'ai dû croire assurément que c'était un
moyen de plus de les faire valoir. On
y reconnaîtra le style et la pensée de
l'homme de bien, du digne arrière-petit-
fils de RIQUET; et vous trouverez j'espère, comme moi, qu'en retraçant cette
époque de la vie de mon père, au souvenir de laquelle il attachait un si juste
prix, elles parlent aux ames ce langage
qui sera toujours si bien compris en
France, celui de la générosité, du
patriotisme et de l'honneur.

Veuillez agréer, Monsieur le Président,
la nouvelle expression de tous mes
sentimens de haute considération et
d'attachement le plus dévoué.

Cte G. DE **CARAMAN.**

. . . . Depuis les événemens de 1830 j'avais adopté un plan de conduite auquel j'étais resté fidèle. J'étais entièrement résigné à la vie semi-active que j'avais résolu de mener désormais ; je conservais assez d'occupations pour remplir mes journées d'une manière utile, et assez d'intérêts de société pour répondre à ce besoin de communication avec mes semblables, qui a toujours été pour moi la première des nécessités.

Ma modération en politique, et le zèle que je manifestais pour tout ce qui pouvait ajouter à la prospérité de la France, avait rapproché de moi les opinions les plus opposées ; on voulait bien rechercher mon intervention, et demander ma coopération dans les entreprises un

peu considérables. L'administration du Canal
du Midi était appréciée à sa juste valeur :
je suis heureux de pouvoir dire que l'on attribuait quelqu'influence à la part que je pouvais y
prendre, et que , pour tous les plans qui avaient
quelque rapport avec les besoins du commerce
et de la navigation intérieure , mon adhésion
devenait une sorte de garantie. Ce genre de
succès suffisait à toutes les prétentions de
mon amour-propre, comme à ce qui pouvait
encore me rester d'ambition. J'en jouissais
d'autant plus, que je le regardais comme la
dernière étincelle de ce qu'il m'était donné
de soutenir encore comme vie active, puisque
je touchais aux limites les plus avancées du
cours ordinaire de l'existence. Il ne m'était
pas même entré dans la pensée de croire qu'aucune circonstance nouvelle pût me faire sortir
de cet état calme et paisible dans lequel je
plaçais tout mon bonheur. Je l'appréciais d'autant plus, que cette modeste obscurité se trouvait parfaitement en harmonie avec ce que me
prescrivaient les souvenirs de mon existence
passée : j'étais donc bien éloigné d'entretenir
l'idée que je dusse toucher au moment où je me
verrais de nouveau transporté sur la scène du
monde, et forcé d'y jouer un rôle; et, cependant, ce rôle devait être plus marquant pour

moi, peut-être, qu'aucun de ceux que les affaires politiques de mon pays m'avaient assigné.

Un mouvement de curiosité fut le moyen dont la Providence se servit pour m'enlever aux habitudes tranquilles de la vie d'intérieur et de famille, et me lancer dans la vie aventureuse sous un autre ciel que celui de la France. Je devais y trouver des chances heureuses, pour ajouter à ma propre réputation et à l'honneur du nom que je portais, en l'inscrivant encore une fois dans les fastes de mon pays. Je devais, enfin, recevoir, comme récompense de quelques nouveaux efforts, ce qui avait été pendant tout le cours de ma vie l'objet de mon vœu le plus ardent, et voir, dans mes dernières années, la couronne civique venir se poser sur mes cheveux blancs [1].

Voici ce qui amena ce singulier épisode de l'histoire de ma vie :

Les derniers momens de la restauration avaient été marqués par un brillant fait d'armes, heureusement conçu, et habilement

---

[1] Cette pensée dominait tellement l'esprit du duc de Caraman, qu'il en reproduisit encore l'expression dans le cours de sa dernière maladie.

accompli. La conquête d'Alger avait eu une grande portée ; elle avait appris à l'Europe qu'à aucune époque, et sous aucun régime, la valeur française ne pouvait dégénérer ; elle avait ouvert un champ bien vaste à des calculs d'avenir, et offert un nouvel aliment à ce besoin d'action qui tourmentait une société encore ébranlée par tant de vicissitudes.

La révolution de juillet, en s'emparant de ce grand résultat obtenu, avait introduit dans l'administration de cette noble conquête quelque chose de cette incertitude qui, pendant trop long-temps, devait entraver les conseils au milieu d'élémens reconstitués si nouvellement, d'une manière si imprévue, et qui variaient aussi souvent que les nuances d'opinion successivement portées au pouvoir.

Une commission d'enquête avait été chargée de réunir et d'apporter d'utiles renseignemens sur les avantages que pouvait présenter la bonne organisation de notre jeune colonie, en indiquant la marche à suivre pour y poser les bases d'un gouvernement protecteur et régulier ; mais le volumineux rapport qu'elle enfanta, après un long et consciencieux travail, ne servit qu'à prouver qu'il était difficile de

satisfaire à toutes les exigences dans des conditions si nouvelles pour nous ; et le triste
tableau de notre impuissance gouvernementale
parvenant ainsi jusqu'aux chambres, y soule-
vait une forte opposition , qui déjà commençait à s'arrêter à l'idée de devoir abandonner
Alger.

Dans ce conflit d'opinions qui se succédaient,
suivant les informations directes ou indirectes
arrivant de l'Algérie , je cherchais en vain
à fixer la mienne. J'appréciais toute l'importance d'une possession qui , en nous donnant
aux yeux de toute l'Europe le mérite d'avoir
détruit la piraterie, pouvait nous assurer au
moins une grande part dans la domination
de la Méditerranée, et créer pour nous d'heureux élémens de commerce sur cette mer ;
mais, comme beaucoup d'autres, j'étais effrayé
par contre de l'étendue des sacrifices que chaque année reproduisait dans une proportion
toujours croissante, lorsqu'aucun produit posi-
tif ne venait encore les compenser. Partageant
les doutes que les meilleurs esprits n'osaient
pas repousser entièrement; appelé quelquefois
moi-même à faire connaître ma pensée dans
les bureaux de la chambre, seule réunion où
je crusse pouvoir me livrer à la discussion de

si hautes questions politiques, je me voyais avec peine dans l'impossibilité de formuler un avis bien motivé ; et bientôt d'autres circonstances très-graves vinrent encore augmenter mon indécision.

A l'échec de la Macta avait succédé la brillante expédition de Mascara, et peu après, celle de Tlemçen, dont le succès, plus ou moins complet, avait toutefois fait encore mieux connaître aux Arabes la valeur de nos troupes, mais sans amener aucun résultat administratif. Les deux expéditions avaient coûté fort cher, sans que l'établissement colonial en reçût aucun accroissement de force.

L'idée d'aller juger par moi-même de ce que personne ne parvenait à m'expliquer bien clairement s'empara dès-lors de mon esprit, et je formai secrètement le projet de profiter de ma première tournée sur le Canal pour me rendre de Beaucaire à Marseille, et m'embarquer sur un des bateaux à vapeur, qui déjà à cette époque rendaient si faciles les communications entre la France et Alger.

Je fis part de cette idée au duc de Mortemart, avec lequel je causais souvent à la cham_ bre de ce qui se passait en Afrique ; il ne tarda pas à s'y associer, et nous convînmes bientôt de réaliser le plan qui s'y rattachait.

Ayant prévenu le gouvernement du but et de l'intention de notre voyage, nous trouvâmes tout l'encouragement que nous pouvions désirer, et on nous promit toutes les facilités qui pouvaient dépendre de l'administration.

Dans les premiers instans ce voyage n'occupa le public que comme présentant quelque singularité. Des personnes graves, dont j'avais toujours apprécié la prudence et les sages conseils, crurent devoir chercher à m'en détourner, n'en comprenant pas bien l'utilité. D'autres approuvaient ma résolution à laquelle un caractère un peu aventureux donna même une certaine vogue. Quoi qu'il en soit, tout en reconnaissant moi-même qu'il pouvait paraître bizarre de voir entreprendre à mon âge une expédition de fantaisie, qui semblait bien plutôt réservée à l'ardeur de la jeunesse, j'espérais que l'on ne s'occuperait de moi tout au plus que dans les premiers instans, et que bientôt on oublierait et le voyageur, et le voyage. Ainsi, me trouvant parfaitement libre, et n'ayant pour but que de m'instruire

sur une question qui touchait de si près aux
grands intérêts de mon pays, je n'hésitai pas à
y dévouer ce qui me restait encore de forces
et de facultés, avec cette indépendance que
me donnaient des vues entièrement désintéres-
sées, et je fis toutes mes dispositions pour
me trouver exactement au rendez-vous fixé à
Marseille. L'influence que ce voyage a eu sur
la suite de ma destinée me porte à en faire
l'objet d'une relation particulière, et qui peut
présenter quelque intérêt dans ses détails par
tout ce qui vint s'y rattacher d'imprévu, même
pour moi.

(15 octobre 1836). — De Marseille, où le duc
de Mortemart me rejoignit avec son gendre le
comte de Ste-Aldegonde, qui lui avait demandé
de pouvoir l'accompagner, nous nous rendîmes
immédiatement à Toulon, où le Préfet mari-
time, d'après les ordres qu'il avait reçus
(16 octobre), nous donna passage sur un des
bateaux à vapeur de l'état. Obligés de relâcher
(17 octobre) à Mahon, où le capitaine
devait s'arrêter pour remettre des dépêches
à un bâtiment de la marine royale qui s'y
trouvait en réparation, nous eûmes le loisir
d'admirer ce port cher aux souvenirs de la
valeur française, et qui est devenu aujourd'hui
un

un point si important pour nos communications
régulières avec notre nouvelle conquête. La
nature a tout fait pour cette position si belle ,
où l'on retrouve de tous côtés les restes imposans de l'ancienne puissance espagnole. Le
sol assez aride qui environne la jolie ville de
Mahon est ainsi entièrement couvert de ruines ;
mais on en oublie le spectacle assez triste , dès
qu'ayant franchi les portes, on se trouve entouré
de cette propreté vraiment hollandaise qui
offre un contraste frappant avec les habitudes
espagnoles.

(18 octobre) Après une relâche de vingt-
quatre heures, nous appareillâmes de nouveau
par le plus beau temps du monde qui continuait à nous favoriser , et nous ne tardâmes
pas à découvrir avec ravissement l'amphithéâtre
éclatant que présente la ville d'Alger. Notre
imagination s'exaltait déjà à la seule pensée de
nous voir en Afrique ; mais plus nous approchions de la côte, plus nous admirions l'effet
incomparable de cette masse de constructions
blanches comme la neige , se détachant sur le
vert foncé des coteaux : nous étions dans une
autre partie du monde , et tout nous rappelait
les belles rives de Gênes. Une multitude de
maisons de campagne , à formes moresques ,

2

vivifiait et enrichissait ce tableau, en complétant l'ensemble du plus riant aspect.

(19 octobre) Ayant touché terre , notre première démarche fut d'aller nous présenter au maréchal Clauzel, gouverneur-général, que nous avions vu à Paris , et qui avait été le premier à nous encourager et à nous engager à donner suite à notre projet. Il nous accueillit avec obligeance et nous promit ses secours, ainsi que l'appui de son autorité pour tout ce qui tendrait à faciliter ce que nous nous proposions.

Notre arrivée fut une espèce d'événement pour la colonie : on se refusait à croire que nous fussions de simples voyageurs curieux , et chacun cherchait à pénétrer l'objet de nos prétendues instructions. Tous les agens de l'administration s'empressèrent autour de nous, les uns avec crainte, les autres avec confiance ; mais tous également occupés de ce qui pouvait résulter de cette apparition de deux pairs de France, signalés par une position indépendante, et n'annonçant, ni vues personnelles, ni mission spéciale. Bientôt, cependant, convaincus que la curiosité seule nous avait conduits parmi eux, ils s'empressèrent d'aller au-devant de tout ce que nous pouvions désirer, et sous ce beau ciel nos journées, dont tant d'occupations venaient varier l'emploi, nous offraient sans cesse un nouvel intérêt d'observation.

Lorsque nous fûmes un peu familiarisés avec l'étrange spectacle que présente aux yeux ce mélange de tant de nations diverses dont se compose la population d'Alger ; lorsque nous cessâmes d'être étonnés d'entendre des français parler arabe, et des turcs parler français ; lorsqu'au milieu de ces figures noires, blanches, jaunes, ou cuivrées, nous fûmes un peu habitués à faire également nos affaires avec des nègres, des italiens, des arabes, des français, des maures, des allemands ou des espagnols ; après avoir visité tout ce que la ville elle-même et ses environs nous invitaient à parcourir ; après avoir pénétré dans le fort de l'empereur et dans cette Casbah, où tant de richesses avaient été enfouies et n'avaient vu le jour que pour être dispersées sans grand profit pour l'état, nous pensâmes à étendre nos excursions, et à aller suivre sur le terrein même l'histoire des mouvemens militaires qui nous avaient mis en possession d'une si belle conquête. Le Maréchal nous donna pour guides des officiers instruits, qui avaient fait partie

*

de la première expédition ; et, sous l'escorte de quelques chasseurs , nous parcourûmes avec un bien grand intérêt le théâtre de ce beau fait d'armes (20—24 octobre).

La même obligeance favorisa des excursions plus lointaines, et nous fûmes visiter les divers camps qui couvraient le plateau d'Alger. Là s'étaient formés quelques établissemens ruraux ou coloniaux, conçus par de sages combinaisons; mais qui n'avaient pas réussi par suite de cette instabilité de principes, trop justement reprochée aux administrations successivement appelées à régir l'Algérie. Ils offraient le triste spectacle de tout ce que peuvent entraîner de fâcheux un gouvernement sans base bien fixe, et des essais abandonnés aussitôt qu'entrepris. Des villes entières se trouvaient tracées; mais on n'y voyait d'autres constructions que de misérables cabarets, véritables pièges tendus à l'oisiveté et à l'ennui des garnisons voisines. Nulle culture n'annonçait d'ailleurs une prise de possession réelle : disséminés sur un trop grand espace, ces établissemens si incomplets ne pouvaient, ni se défendre, ni se protéger réciproquement; de fatales et trop fréquentes catastrophes attestaient l'hostilité vigilante et irréconciliable des habitans de ces contrées. Il

était impossible de se hasarder à s'éloigner sans
escorte des points occupés par nos troupes,
car la moindre imprudence devenait une cause
de perte presque certaine.

Nous poussâmes notre reconnaissance jusques
au camp de Bouffarick (24 octobre), dans la
plaine de la Mitidja, et nous nous trouvâmes
à un marché d'arabes qui se tenait sous les
murs de l'espèce de fort que nous avions élevé.
L'aspect curieux de ce marché, où deux à trois
mille arabes, avec leurs ânes, leurs mulets,
leurs chevaux, leurs chameaux, leurs vaches
et leurs poules, se trouvaient rassemblés sous
la protection de là garnison française, nous
donna une idée du parti que l'on pourrait tirer
de la population indigène, si l'on s'occupait de
lui inspirer quelque confiance; mais notre
promptitude à taxer d'idiotisme ceux qui ne
comprennent pas et que nous ne comprenons
pas, le mépris qu'on leur témoigne, et quelque
brutalité dans nos manières à leur égard, quand
ils ne se plient pas à nos exigences ou lorsqu'ils
résistent au despotisme de notre domination,
éloigneront, peut-être pour long-temps encore,
tout rapprochement intime entre les deux popu-
lations. Il est difficile, en effet, d'inspirer
des sentimens de confiance et de sécurité à

ceux que l'on s'obstine à ne vouloir considérer
que comme des êtres dégradés, auxquels notre
orgueil de civilisation assigne un rang bien
inférieur à celui que nous nous réservons ; et,
cependant, pour l'observateur attentif et impar-
tial, ces êtres si dédaignés par nous possèdent
des notions primitives et une intelligence naturelle fort au-dessus de celles que nous rencon-
trons dans la plupart des habitans de nos campagnes. Leur esprit fier et indépendant se
soumet à la force matérielle, mais sans rien
perdre de cette dignité personnelle qui est leur
apanage ; tandis que leur fidélité à remplir leurs
promesses et la franche et généreuse hospitalité
qu'ils exercent, et dont ils reconnaissent tous
les droits, pourraient être présentés comme
modèle aux peuples les plus civilisés [1].

La police du camp était exercée par une
douzaine de vieux marabouts accroupis sous une
tente. Tous les sujets d'altercation ou de discussion étaient soumis à leur tribunal : accusés ou
plaignans exposaient leurs griefs, et le jugement

---

[1] Le duc de Caraman avait autrefois beaucoup voyagé en
Orient, et l'on retrouve ici dans l'opinion qu'il émet l'influence de celle qu'il s'était formée dans sa jeunesse, et que
reproduisent les relations d'un grand nombre de voyageurs.

était rendu sans retard ; le dol ou la mauvaise foi reconnus étaient à l'instant punis d'un certain nombre de coups de bâton, qu'un nègre placé devant la tente administrait, séance tenante, sans que l'application de la sentence fût contestée le moins du monde.

Le camp de Bouffarick n'était qu'à quelques lieues de Blidah, ville renommée pour ses jardins d'orangers, et dans une situation charmante, au pied de l'Atlas, et à l'entrée d'un des défilés par lesquels, de la plaine de la Mitidja, on s'engage dans les profondeurs de cette chaîne de montagnes ; ce qui en fait une position militaire très-importante. Nous y entretenions alors un corps d'observation assez considérable protégeant l'établissement d'une ligne de *blockhaus* destinés à défendre la plaine contre les incursions des peuplades guerrières de l'intérieur du pays. Le général Brossard, qui commandait ces troupes, nous proposa de profiter de la marche d'un détachement qu'on venait de lui envoyer comme renfort, et nous acceptâmes avec empressement l'occasion qui nous était offerte de prendre part à un petit mouvement militaire que le hasard vint seconder ; car en approchant de Blidah nous entendîmes un feu assez nourri et quelques coups de canon,

qui, à notre grande satisfaction, nous firent
pressentir la possibilité de nous trouver témoins
de quelqu'affaire un peu sérieuse. Le général
Brossard se trouvait effectivement engagé avec
les Kabyles, qui étaient descendus de la montagne pour inquiéter les travailleurs : ceux-ci
n'avaient éprouvé que de légères pertes, et
les constructions étaient exécutées ; mais le
général, désirant mettre fin à ces attaques im-
portunes, prétendait débusquer les arabes des
positions qu'ils occupaient sur les croupes des
premiers échelons de la montagne, et nous
eûmes ainsi l'occasion de voir l'ardeur de nos
voltigeurs aux prises avec la froide résistance
des Kabyles. Tout fut bientôt déblayé, et quelques obus lancés à propos achevèrent de refou-
ler l'ennemi dans l'intérieur du défilé ; ce qui
nous permit de parcourir sans obstacle ces
alentours de Blidah, où une multitude de
ruisseaux entretient une fraîcheur constante.
Je rapportai de mon expédition un énorme
yatagan et un livre de prières arabe, qu'un de
ces malheureux n'avait abandonné qu'avec la
vie. Nous passâmes le reste de la journée au
camp, recevant du général Brossard et des
braves troupes qu'il commandait l'accueil le
plus empressé, et le lendemain nous revînmes
à Bouffarick.

(25 — 26 octobre) — Les jours suivans furent
employés à continuer l'exploration de cette
belle plaine de la Mitidja destinée à devenir un
jour la partie la plus productive de nos possessions en Afrique; mais il nous fut facile de
constater que tout y était encore à faire : quelques
essais de culture, à peine ébauchés, attestaient
la fatale instabilité des pouvoirs dont on pouvait attendre protection. Nous visitâmes quelques douairs arabes, dont les tribus nous
reçurent avec cette hospitalité patriarcale
qui rappelle les usages des premiers temps du
monde, tels qu'ils sont rapportés dans l'Écri-
ture sainte. Je croyais retrouver Abraham lui-
même sous les traits expressifs de l'un de nos
hôtes, et sous les larges plis de son bournou
arabe : assis sous d'énormes figuiers, savourant
le *kouskoussou*, préparé par les femmes que
nous aperçûmes à peine ; en présence d'un
cercle de vieillards, qui répondaient à nos questions avec calme et gravité, nous entendîmes
plusieurs vérités qui, depuis, nous ont servi
à expliquer bien des causes de notre peu de
succès dans nos premières tentatives de colo-
nisation.

Nous visitâmes plusieurs fermes acquises au
domaine, ou vendues à des spéculateurs; mais,

ni dans les unes, ni dans les autres, nous n'eûmes à reconnaître aucun progrès comme culture. La récolte de l'herbe, dont la terre se couvre chaque année spontanément, et en abondance, était le seul produit que l'on pensât à recueillir, et nous fûmes à la fois affligés et découragés, en voyant ces bâtimens abandonnés, dont les ruines accusaient l'incurie du propriétaire, et ces belles campagnes frappées de stérilité, parce qu'une administration sans principe fixe, et sans but arrêté, les condamnait à ne rien produire.

Nous revînmes de cette excursion si intéressante sur le plateau d'Alger par le côté opposé à celui par lequel nous l'avions commencée, c'est-à-dire, vers la Maison-Carrée et la mer, dont nous suivîmes le rivage pour rentrer au chef-lieu de nos possessions, en admirant les riches contours de la baie d'Alger, ainsi que les jardins et maisons de campagne dont la ville est environnée.

Nous trouvâmes à notre retour tous les esprits occupés des nouvelles qui venaient de se répandre, et le maréchal Clauzel nous annonça son départ prochain pour Bonne, où le duc de Nemours devait se rendre directement de France, et où des troupes allaient être concentrées dans le but de s'emparer de Constantine. Le Maréchal, ne parlant de cette expédition que comme d'une promenade militaire, qui pourrait exiger un mois tout au plus, nous proposa de l'accompagner. L'occasion était trop séduisante, pour que nous ne l'acceptâssions pas avec empressement, quoique nous ne fussions nullement préparés à entrer en campagne. Tout se présentait sous des apparences favorables : nous n'eûmes pas l'idée de prévoir les inconvéniens, les difficultés même que pouvait rencontrer l'entreprise, et ce fut dans notre équipage de simples voyageurs que nous nous décidâmes à suivre le Maréchal. Il nous paraissait curieux de pouvoir ainsi pénétrer dans l'intérieur du pays, et connaître une des villes les plus importantes; de voir par nous-mêmes comment on opérait militairement dans des contrées si différentes de celles où nous avions fait la guerre; enfin, d'étudier de plus près tout ce qui tendrait à justifier ou à atténuer la valeur des reproches que nous entendions faire à l'administration française en Afrique.

(28 octobre) — Nous nous embarquâmes pour Bonne à la fin d'octobre, n'ayant eu le temps de prendre aucune des précautions que pouvaient

commander de telles circonstances. Le temps, qui nous avait favorisés jusqu'alors, changea subitement au moment même où nous sortions du port, et ce ne fut qu'après une traversée fatigante, et presque dangereuse, triste pronostic de ce que nous devions rencontrer plus tard, que nous parvînmes à atteindre notre destination.

(30 octobre) — Nous nous trouvâmes avec un temps affreux, au milieu de l'encombrement d'un quartier-général, et de la confusion suite inévitable des préparatifs d'une expédition. Nous obtînmes avec peine un mauvais abri entièrement dénué de meubles, mais qui, du moins, nous protégeait un peu contre les intempéries de la saison. La ville de Bonne avait été récemment incendiée et détruite par les soldats d'Achmet; les rues, non pavées et non éclairées, étaient autant de cloaques, et nous nous perdions au milieu de mares de boue et de monceaux de ruines : jamais début ne fut plus décourageant. M. le duc de Nemours venait d'arriver avec un nombreux état-major, et les meilleures habitations lui avaient été réservées. Le maréchal Clauzel nous joignit le lendemain de notre débarquement. Joussouf représentait la puissance turque, et soutenait péni-

blement le rang et le titre de Bey qui lui
avaient été conférés comme récompense de la
conduite brillante à laquelle nous devions la
reprise de possession de Bonne. Chacun se
préparait à une expédition que l'honneur national et la présence du prince commandaient
également; mais aucune mesure sérieuse n'avait
encore été prise, et nous ne tardâmes pas à nous
convaincre que ce qui nous avait été dépeint
comme une promenade militaire, ne devant
présenter aucun obstacle, pourrait bien, au
contraire, en rencontrer de plus d'une nature,
et devenir une véritable campagne.

Tristement éclairés sur le peu de ressources dont nous pouvions disposer, ne pouvant
nous procurer ce qui devenait le plus indispensable, même du bois pour nous réchauffer,
nous eussions été fort embarrassés s'il avait fallu
se mettre immédiatement en marche. La con-
tinuité du mauvais temps qui régnait nous
fut, à cet égard, d'un véritable secours, en
nous laissant la possibilité de réunir enfin quelques objets indispensables et de précaution
commandée. Je trouvai, parmi MM. les officiers
d'artillerie sur-tout, une obligeance extrême,
à l'aide de laquelle nous parvînmes à orga-
niser, tant bien que mal, une sorte d'équi-

page. Munis de quelques provisions qui nous rassuraient du moins contre la crainte de mourir de faim, nous achetâmes aussi des mules et des chevaux, dont les couvertures devaient nous servir de tente et nous protéger contre les nuits glaciales d'Afrique. Nous étions bien loin de prévoir les calamités qui devaient nous atteindre. Le moindre rayon de soleil venait ranimer toutes nos espérances, en nous faisant croire à un changement prochain dans la température qui nous rendrait le beau climat de ces contrées; mais, en attendant, les maladies décimaient nos soldats. Les mulets, dont on avait besoin pour le transport des munitions, des bagages, des vivres et des malades, n'arrivaient qu'en très-petit nombre; du 1 au 5 novembre des torrens de pluie continuèrent à nous inonder, et retenus prisonniers dans notre humble asile, nous n'apercevions du haut des toits qu'une vaste nappe d'eau qui couvrait au loin la campagne. Tout semblait se réunir pour nous décourager.

La présence du jeune prince qui venait partager les fatigues de l'armée [1], et le calme

---

[1] Les Arabes disaient qu'il avait *des cheveux d'or et des yeux comme le ciel.*

plein de confiance du maréchal Clauzel, con-
tribuaient à relever les espérances , et à affer-
mir les résolutions ; mais nous n'en étions pas
moins préoccupés d'assez fâcheux pressentimens
que toute les conversations tendaient à entretenir : nous n'entendions aucune parole consolante ; on n'avait aucune nouvelle de Constantine , et cette ville que nous prétendions aller
occuper ne nous était connue que par les récits
vagues et souvent contradictoires de quelques
voyageurs arabes. Sa position réelle , ses forces, sa population, ses moyens de résistance,
jusqu'à la distance qui nous en séparait ; tout
était environné d'une incertitude désespérante :
tantôt on la disait défendue par une armée
décidée à s'ensevelir sous ses ruines ; tantôt on
la représentait comme abandonnée à une population n'attendant, pour se soumettre , que l'apparition d'un soldat français. C'est au milieu
de ces doutes et de ces inquiétudes , marquant
des heures et des jours assez tristement écou-
lés , que nous commençâmes à raisonner sur
les inconvéniens d'une position qui pouvait
se prolonger indéfiniment , lorsque nous n'a-
vions, ni mission , ni motifs déterminans qui
dussent nous retenir.

Le duc de Mortemart était rappelé à Paris

par des intérêts pressans. Nous tînmes conseil, et le résultat fut que, dans le cas où nous atteindrions la moitié du mois de novembre sans qu'il eût été possible de se mettre en marche ; nous profiterions de la première occasion favorable pour revenir en France. Cette résolution, qui nous paraissait raisonnable et sage, nous coûta beaucoup à prendre ; mais, enfin, notre plan étant une fois arrêté, nous cherchâmes seulement à utiliser les rares momens de répit que nous donnaient quelques éclaircies pour visiter les environs de Bonne, et tâcher de nous faire une idée juste de ce point important de notre domination au milieu des ruines et du désordre dont il nous offrait le déplorable tableau.

Il existe peu de situations que le soleil d'Afrique ne puisse faire valoir et embellir : la ville de Bonne, sa Casbah, son port, les montagnes qui la dominent, présentent un ensemble qui n'aurait pas même besoin de l'éclat de ses rayons pour fixer les regards et l'attention du voyageur. Nous l'admirions, même à travers ces nuages épais et bas qui se traînaient au-dessus de la plaine inondée, et avaient déjà couvert de neige les sommités des montagnes.

Dans l'intérieur de la ville, où tout est à faire

faire encore nous n'eûmes à observer qu'un
mélange confus de ruines, de bâtimens à demi
achevés, des rues tortueuses et sales, des pla-
ces mal définies et de mauvaises habitations
bâties en terre. Au milieu de tout cela circu-
laient des chevaux, des mules et des ânes destinés au service de l'armée : des soldats, des
arabes, des nègres, se disputaient les chétifs
abris qui demeuraient encore debout. Nous
pûmes reconnaître les traces de plusieurs essais
tentés pour rétablir quelqu'ordre dans ce triste
ensemble; mais il était difficile qu'une administration mobile, sans base, ni plan bien arrêté,
changeant sans cesse d'intentions et d'instru-
mens, parvînt à obtenir un résultat utile et
durable. Le port n'est pas tenable dans les gros
temps, et la rade est trop ouverte pour que les
navires puissent y rester en sureté; cependant
il s'y fait quelque commerce exploité par des
négocians maures assez riches, qui ont établi
des relations avec l'intérieur de l'Afrique au
moyen des caravanes qui en arrivent jusqu'à
Constantine.

Quelques instans d'un temps moins défavo-
rable nous permirent d'aller, à travers l'inon-
dation, visiter les ruines de l'ancienne Hyppone
(5 novembre). Il reste bien peu de chose de

3

son antique splendeur : quelques citernes dont les arabes se sont emparés pour y établir leur domicile avec les animaux qui composent leur principal avoir, et des masses de briques que l'on dit avoir appartenu à cette église des premiers chrétiens auxquels saint Augustin faisait entendre sa voix puissante, sont les seuls vestiges que le cours des siècles et les dévastations successives aient laissé subsister. Toutefois la position d'Hyppone, ses jardins, ses alentours, la beauté de la végétation qui s'y développe, offrent aux yeux un tableau séduisant, auquel le souvenir de l'illustre et saint prélat de la primitive église vient imprimer un caractère tout particulier.

La Seybouse, qui se jette dans la mer près d'Hyppone, pourrait ouvrir un débouché essentiel si l'on parvenait à la rendre navigable ; des restes de quais revêtus de marbre semblent attester l'importance du mouvement commercial qui, au temps des Romains, devait avoir lieu sur ses rives ; mais il faudrait aujourd'hui des travaux considérables pour rétablir cet état de choses, car on a laissé former des atterrissemens qui obstruent le cours de la rivière, et ont élevé une barre à son embouchure. Nous ne vîmes d'autres bâtimens que ceux qui étaient venus y faire naufrage.

Le résultat de nos observations fut que si, pour assainir le pays, on parvenait à dessécher, par des canaux d'écoulement, la plaine, trop souvent inondée qui se trouve entre la Seybouse et la ville, et à utiliser les restes de beaux aqueducs encore existans aux environs, pour ramener à Bonne les eaux des sources voisines qui l'y conduisaient autrefois, on changerait ainsi facilement les tristes conditions d'insalubrité qui en éloignent aujourd'hui la population et tendraient à arrêter les progrès de toute civilisation.

Il est probable, d'un autre côté, que l'occupation de Stora et de Djigelly, dont les ports sont meilleurs et plus rapprochés de Constantine que celui de Bonne, pourra retarder les améliorations que cette ville réclamerait; et cependant la fertilité des terreins qui bordent la Seybouse semblerait promettre les plus heureux résultats aux établissemens agricoles qui viendraient s'y former.

Nous remarquâmes que les arabes cantonnés dans les environs de Bonne et de la Calle s'étaient déjà familiarisés avec nous; qu'ils

*

avaient adopté plusieurs de nos usages, et qu'ils commençaient à comprendre l'avantage des établissemens stables, comme première condition de la propriété. Les Kabyles, au contraire, restes indomptés des anciens Numides, persistent à se maintenir dans leur vie sauvage et indépendante : réfugiés dans l'intérieur des montagnes, ils n'en sortent que pour venir piller les tribus d'arabes sédentaires, ou attaquer nos voyageurs. Cette belle race d'hommes aussi féroces que courageux se pliera difficilement aux conditions des mœurs plus douces de notre civilisation. L'intérêt seul pourrait les y amener ; il commence déjà à exercer quelque action sur un petit nombre d'individus ; mais la masse résiste et en attendant les environs de Bonne sont loin de présenter sécurité complète. Ce n'est qu'avec beaucoup de prudence et de précaution qu'il est permis de s'éloigner à une certaine distance de la ville.

Les alentours de la Calle, point très-rapproché de Bonne, sont couverts des plus belles forêts, faciles à exploiter ; mais dont nous constatâmes avec un sentiment pénible qu'il n'avait encore été tiré aucun parti après sept années d'occupation. Là, comme ailleurs, il nous fut trop aisé de reconnaître que les parties les plus essentielles d'une bonne administration étaient à peine

ébauchées, et que, dans l'intérêt général, tout
était encore à faire.

Le ciel parut enfin se disposer à récompenser
notre persévérance; ses cataractes se fermèrent,
la neige disparut des sommets des montagnes,
le soleil reprit sa force, la masse des eaux se
retira de la plaine envahie : on aperçut des
mouvemens aux environs de la ville; le Monte-
bello amena un régiment que l'on attendait
d'Oran, et réussit à le débarquer sur la jetée de
Bonne [1]; le bruit se répandit que l'on allait partir, et la joie devint générale. Dès le 7 novembre
une première avant-garde fut envoyée au camp
de Dréan, sur la route de Constantine : quelque
retour de mauvais temps prolongea encore
l'hésitation; mais, enfin, la dernière résolution
fut prise, et le 13 novembre, au matin, le corps
d'expédition se mit en marche. Il y eut un peu
de confusion dans ce départ : nous suivîmes le
quartier-général, sans trop savoir où nous irions,
comment nous subsisterions, et où nous nous
reposerions; mais, enfin, nous étions partis, et

---

[1] Ce magnifique vaisseau de cent-vingt canons, commandé
par M. de la Susse, reçut le 11 la visite du Prince. C'était
un beau spectacle que de le voir tout pavoisé et saluant de
toutes ses batteries.

l'ordre se rétablit peu à peu. Je retrouvai avec bonheur le soldat français tel que je l'avais connu dans ma jeunesse. J'avais un assez bon cheval, un domestique sûr et fidèle, une bonne santé, peu de besoins, et l'habitude acquise de me plier à toutes les nécessités ; j'étais animé du plus vif intérêt pour ce que nous allions voir et entreprendre, et ce fut assurément un des bons momens de ma vie [1].

Notre petite armée se composait de trois bataillons du 62me de ligne, deux du 63me, deux du 59me, deux du 17me, et deux du 2me léger, une division de zouaves, cinq cents hommes d'artillerie, autant du génie, quatre cents du 3me régiment de chasseurs à cheval d'Afrique, qui se sont qualifiés du nom de *zéphirs*, quatre cents spahis, un millier d'auxiliaires arabes, une ambulance et un service de vivres ; en tout environ 5700 hommes d'infanterie, 800 de cavalerie, une batterie de douze, et quelques obusiers et pièces de montagne.

La première journée donna les plus belles

---

[1] C'est à cette occasion que le duc de Caraman écrivait : *il me semble que mon sang se réchauffe à l'aspect des bayonnettes françaises.*

espérances : le camp fut établi au-delà de Dréan,
sur les bords d'un ruisseau. Le Maréchal nous fit
donner une tente, et nous nous établîmes près du
quartier-général, dont, dès ce moment, nous
fîmes toujours partie. Le coup-d'œil de l'ensemble
de la marche présentait le spectacle le plus inté-
ressant pour nous ; mais la faim commençait à nous
presser, et livrés à nos seules ressources, n'ayant
aucun équipage de cuisine, nous en étions réduits
à consommer à froid nos modestes provisions,
lorsque le Maréchal nous fit offrir de nous
associer à la distribution d'une vaste gamelle
qui devait se partager, une fois par jour, entre
ses aides-de-camp, les autres officiers de l'état-
major, et même les gens de sa maison. Nous
eussions pu nous attendre peut-être à quelque
chose de mieux ; mais le Maréchal prenait ses
repas seul avec son fils : nous n'entendîmes point
parler du prince, et dans l'état de dénûment
où nous nous trouvions tout devait être accepté
avec reconnaissance. Nous n'avions pour boisson
qu'un peu de mauvais vin dans une eau plus
mauvaise encore ; et cependant une heureuse
disposition d'esprit nous faisait prendre gaî-
ment notre parti sur ces premières tribulations
qui nous auraient paru les délices de Capoue,
si nous avions pu prévoir ce qui nous attendait
par la suite.

La nuit ayant, enfin, marqué pour tout le camp l'instant du repos, chacun fut chercher l'abri qu'il s'était préparé avec plus ou moins de bonheur ou d'intelligence, et nous prîmes aussi possession de notre tente, que nous avions partagée le duc de Mortemart, son gendre et moi : nos manteaux y composaient nos lits ; nos selles nous servaient de traversin, et nos vêtemens réunis étaient employés à nous protéger contre l'extrême fraîcheur des nuits. Nos gens et nos chevaux campaient près de nous, ainsi que deux chasseurs que le Maréchal nous avait permis de détacher de leur corps pour notre service. Les chevaux, dont les rations de fourrage étaient distribuées devant eux, et à terre, restaient attachés par un pied à une longue corde fixée aux deux extrémités par deux piquets, et se trouvaient retenus, de plus, par une courroie passée dans un anneau. Ce simple appareil était reconnu suffisant, car les chevaux arabes, qui vivent en société avec leur maître, sont ordinairement très-doux, se battent rarement entr'eux, et cherchent plus rarement encore à s'échapper ; un de nos domestiques veillait d'ailleurs sur eux, et était chargé d'entretenir le feu du bivouac, tandis que les autres se reposaient sous un toit de feuillage.

Les fatigues de la journée, par une chaleur étouffante, nous avaient merveilleusement disposés au sommeil, et cette première nuit commença pour tous, en se livrant avec confiance aux rêves d'avenir et de succès que l'on croyait pouvoir entretenir; mais qui devaient être si tristement déçus.

Dès la fin du jour, le ciel s'était chargé de nuages épais et assez menaçans; cependant nous avions cru pouvoir ne pas nous en préoccuper, et nous étions plongés dans toute la profondeur d'un premier sommeil, que favorisait encore le murmure du petit ruisseau près duquel notre tente était placée, lorsque nous fûmes réveillés par un violent coup de tonnerre. Bientôt, à travers la toile grossière de notre tente, de nombreux éclairs vinrent frapper nos yeux et répandre une triste clarté sur tout ce qui nous entourait : la pluie commença à tomber par torrens, le petit ruisseau, grossi en quelques instans, ne tarda pas à rouler avec fracas des fragmens de rochers qui s'entre-choquaient au milieu de ses flots; notre tente fut envahie par les eaux qui arrivaient de toutes parts et suivaient la pente des montagnes sur laquelle le camp se trouvait assis : elles s'étaient frayé un passage au milieu de nos effets, et venaient même soulever les couvertures qui nous servaient de lit : force nous fut donc de quitter en toute hâte notre humble abri, qui ne pouvait plus nous défendre, et de nous associer à la confusion générale qui résultait de cet incident si fâcheux. Le Maréchal avait donné l'ordre de lever le camp et de se mettre en marche; mais déjà la violence de la tempête avait mis obstacle aux communications. Plusieurs hommes et quelques chevaux périrent en cherchant à traverser le ruisseau, converti en un torrent impétueux. Jamais réveil. plus triste n'était venu affliger une armée. Ce spectacle de douloureuse mémoire est resté profondément gravé dans mon souvenir ; et, cependant, il ne devait offrir que le prélude des désastres qui nous attendaient.

(14 novembre) — Au point du jour l'orage se calma : on commença à se reconnaître; l'ordre se rétablit, et le corps expéditionnaire reprit son mouvement; mais ce n'était plus ce tableau si riant de la veille, ce n'étaient plus ces troupes brillantes et animées d'une gaîté confiante dont nous étions heureux de partager les espérances, ou, au moins, les illusions. Trempés de pluie, et transis de froid, nos soldats portaient avec effort leurs armes ternies ; des buffléteries, couvertes de boue, déparaient encore des uniformes

en désordre ; on marchait avec peine sur un terrein spongieux et profondément détrempé par la pluie ; le froid et l'humidité avaient déjà altéré les constitutions les moins robustes ; bientôt la fièvre vint atteindre quelques hommes qu'on voyait, la tête enveloppée d'un mouchoir, se diriger lentement vers l'ambulance ; les chevaux même paraissaient abattus par suite de la mauvaise nuit qu'ils venaient de passer, enfin, l'aspect général de notre expédition se présentait sous des couleurs peu encourageantes.

Cependant le soleil reparut, et tout sembla se ranimer sous l'influence de ses rayons. Les membres engourdis commencèrent à reprendre leur libre action ; l'ordre s'était insensiblement rétabli, les figures devenaient moins sombres ; mais cette première épreuve avait fait pressentir toutes celles auxquelles il fallait s'attendre, car le manque de moyens suffisans de transport allait encore s'accroître, et rien ne pouvait y suppléer. On aurait pu tirer parti de la bonne volonté, du zèle même de ceux des habitans du pays qui s'étaient associés à notre fortune ; mais je voyais avec peine que, par une inconséquence qui nous est trop habituelle, loin de les attirer et de les encourager par de bons traitemens, on ne leur témoignait, ni estime, ni confiance ; et

la parade, un peu grotesque à la vérité, du pré-
tendu bey Joussouf devenait l'objet des plus
maladroites moqueries [1]. Il ne pouvait pas entrer
dans nos têtes françaises que les arabes fussent
des hommes comme nous ; on voulait bien s'en
servir comme bêtes de somme, mais sans leur
accorder la moindre intelligence. Ces préven-
tions injustes et funestes partaient malheureusement d'assez haut, et elles m'ont paru être l'un
des plus puissans obstacles aux progrès de
notre domination en Afrique. Lorsqu'avec mon
ancienne habitude de l'Orient, j'étudiais les
physionomies expressives des arabes et leur
dédaigneux silence au milieu des outrages qui

---

[1] Une lettre du 6 disait, en parlant de Joussouf : « il se
montre plein d'espérance ; il est venu chez moi hier, et y est
resté long-temps à causer avec beaucoup d'esprit et de vivacité,
nous expliquant sa position, les causes qui lui ont nui,
celles qui peuvent le servir, les fautes de notre administration,
qu'il voudrait voir éviter, et les principes qu'il désirerait
qu'on adoptât pour assurer la domination de la France. Il
nous a montré un grand dévoûment, d'accord, d'ailleurs,
dit-il lui-même, avec son intérêt, puisqu'il ne serait rien
sans notre appui. Il ne croit pas à une résistance sérieuse
avant Djelma (moitié chemin de Constantine). Joussouf devant être reconnu Bey avec toute l'autorité attachée à ce titre,
il paraît essentiel qu'on lui rende beaucoup dès à présent.
C'est le seul moyen d'inspirer aux arabes la considération
qui lui est nécessaire ».

leur étaient prodigués, je me sentais péniblement affecté, et de ce que l'on faisait, et de ce que l'on ne faisait pas ; car je comprenais toute l'utilité que nous eussions pu retirer du bon emploi de ces hommes, neufs pour nous, mais vieux dans le désert.

Nous arrivâmes, après une marche assez fatigante, devant *Guelma*, dont la Seybouse nous séparait. Ce point avait été occupé et fortifié d'avance, et notre camp fut établi à peu de distance de nombreux débris de cette ville romaine. Quelques-uns d'entre nous, et j'étais du nombre, tentèrent avec peine, et non sans un certain danger, de traverser sans pont ni bateau la rivière gonflée par l'orage de la nuit, pour aller visiter ces restes curieux d'une grandeur évanouie. Ce ne fut pas sans une sorte d'émotion que je me vis, au milieu du désert, et au sein de l'Atlas, en présence de ces témoins imposans d'une époque où la fortune des armes avait soumis à la puissance romaine tant de nations indépendantes. Je me disais que nous venions à notre tour envahir ces régions lointaines, et leur imposer le joug du vainqueur ; qu'à notre tour nous devenions maîtres de la destinée de ces peuples ; que nous voyions de même des regards consternés demander à la résignation le seul adoucissement possible au plus grand des malheurs ; que dans la suite des temps d'autres pourraient venir aussi étudier les vestiges de notre passage, et que quelques pierres mutilées seraient, peut-être, seules à en porter le témoignage.

Nos recherches nous firent reconnaître de nombreuses inscriptions votives sans grand intérêt, des débris de colonnes, des fragments de sculpture, le tracé complet d'un théâtre, des bains, un cirque taillé dans le roc, enfin, une vaste étendue de terrein couvert d'une quantité immense des plus belles pierres, retraçant les vicissitudes du sort dont nous allions perpétuer la tradition par notre conquête.

Ces restes de constructions romaines ont déjà subi plusieurs transformations : convertis par les Sarrasins, et suivant les principes de l'art de la guerre aux 12me et 13me siècles, en enceintes et en tours, formant comme des citadelles opposées aux incursions des Arabes, nous les vîmes employés par le génie français à élever de nouveaux remparts. Je passai toute ma journée à parcourir ces ruines avec deux officiers qui partageaient mon ardeur à fouiller ce vaste cimetière de la domination romaine dans ces contrées. Je devais, peu de jours après, retrouver l'un d'eux, le commandant Richepanse, blessé à mort sous les murs de Constantine; l'autre, le colonel Leblanc, le fut également l'année suivante; mais alors, dans notre exploration de ces tombeaux des siècles, nous étions loin de croire que le leur dût sitôt s'ouvrir [1].

Nous déposâmes à Guelma les malades, déjà trop nombreux, qui eussent gêné notre marche. On les y fit passer aussitôt que la baisse des eaux de la Seybouse l'eut rendu possible; on échangea nos provisions avariées contre celles qu'un convoi venant de Bonne avait apportées, et le mouvement continua.

Jusques-là les difficultés que nous avions rencontrées avaient pu être attribuées aux intempéries de la saison et à des précautions mal prises; d'autres allaient se présenter, in-dépendantes de toute volonté, que nous ne

---

[1] Hélas ! le duc de Caraman était assurément bien loin aussi de soupçonner qu'un malheur personnel et si cruel pour lui devait bientôt se rattacher à ces impressions.

pouvions que prévoir, et qui auraient pu entraîner pour nous, ou plutôt contre nous, les plus graves conséquences, si les arabes, mieux instruits, avaient su apprécier nos véritables forces, et profiter des avantages que les embarras de notre position leur donnait.

Notre petite armée s'avançait hardiment au milieu d'un pays inconnu; elle allait s'y trouver privée de toute communication, n'ayant pour ressources que celles qu'elle apportait et qui diminuaient chaque jour sans qu'il fût possible de les renouveler. Elle n'avait rien à espérer du pays même; on ne pouvait plus, faute d'escorte possible, compter sur les approvisionnements laissés en arrière. Trop faible pour se fractionner, elle ne pouvait, ni s'étendre, ni s'éclairer; mais devait, au contraire, se tenir constamment réunie sans oser hasarder le moindre détachement pour une reconnaissance. Il est certain que si, dans cette situation, les arabes nous eussent harcelé dans notre marche, ou se fussent même bornés à nous inquiéter en se montrant en masse considérable sur les hauteurs environnantes, la prudence et la raison nous eussent obligés de renoncer à notre entreprise et nous eussent fait reprendre la route de Bonne, trop heureux d'y revenir sans avoir

éprouvé

éprouvé d'échec trop grave. Une seconde journée de pluie ou d'orage devait avoir le même résultat, car, après ce dont nous venions d'être témoins dès le premier jour de marche, il devenait évident pour ceux même qui étaient les moins susceptibles d'impressions fâcheuses que, dans un terrein ainsi détrempé, où l'on enfonçait jusqu'à mi-jambe, la retraite eût été presque impossible, ou qu'on ne serait parvenu à sauver les hommes qu'en sacrifiant tout le matériel. Il pouvait donc survenir tel incident qui n'eût pas plus permis de reculer que d'avancer. Tout dépendait du temps et de l'ignorance des arabes. Heureusement la fortune se déclara pour nous ; le temps se remit au beau, l'ennemi ne parut pas, et nous pûmes poursuivre notre aventureuse entreprise.

La direction que nous suivions vers l'Atlas avait été reconnue à la dérobée et à la hâte, en partant de Guelma. On ne savait pas encore si l'on devait passer à droite ou à gauche de la Seybouse. Le hasard nous conduisit au confluent d'un cours d'eau assez fort avec cette rivière, et nous nous vîmes arrêtés par un ravin très profond qu'il fallait traverser, et dont les bords étaient à pic. L'artillerie et le génie réunirent leurs efforts pour nous ouvrir un passage. Nous n'avions, ni ponts de campagne, ni chevalets, ni aucun des moyens nécessaires pour surmonter les difficultés que présentait un terrein aussi accidenté. Le courage des hommes, et la vigueur des bras suppléaient à ce qui nous manquait. Notre colonne d'équipages eut beaucoup de peine à passer, mais y réussit enfin ; nous nous trouvâmes de l'autre côté, et quelques heures de repos firent oublier les fatigues que l'on avait éprouvées. Les premiers coups de fusil nous furent tirés des épais buissons que nous avions à traverser, et nous signalèrent la présence des arabes ; mais nous ne vîmes aucun corps réuni sur les hauteurs, et ce fut un grand bonheur pour nous ; car, arrêtés comme nous l'avions été par le passage très difficile que nous avions à franchir, au milieu d'un pays couvert qui nous cachait ce qui pouvait se combiner autour de nous, toute démonstration hostile un peu énergique de la part des arabes nous eût été fatale ; il leur fallait en effet peu de temps pour épuiser nos ressources, en nous forçant à consommer sur place le peu de munitions que nous portions avec nous ; et comment soigner ou évacuer les malades ou les blessés dont chaque jour aurait accru le nombre ? Le bonheur, qui souvent s'attache même aux imprudences, nous préserva de tous ces dangers : aucun accident fâcheux ne vint troubler cette journée, et dès le lendemain nous pûmes continuer notre marche vers le col de *Merz el Hamar* que nous devions franchir, pour prendre le versant de l'Atlas opposé à celui que nous avions suivi jusqu'alors, et qui devait nous conduire à Constantine.

Les coups de fusil que nous avions essuyés sur notre route, bien qu'ils fussent en petit nombre, nous obligèrent à adopter quelques précautions militaires. L'ordre de notre marche fut plus resserré; la colonne des équipages avançait par un sentier que lui ouvraient les ouvriers du génie, et deux autres colonnes couvraient ses flancs. Le bey Joussouf, avec sa cavalerie irrégulière et l'attirail presque comique de sa dignité, marchait à l'avant-garde et éclairait le pays; mais il n'en rapportait point de vivres, et sa petite troupe ne s'y renforçait point comme il l'avait espéré. On trouvait les douairs évacués ou brûlés, et il était rare que l'appât même du gain nous procurât un peu de paille hachée ou d'orge pour nos chevaux qu'on avait peine à nourrir.

En avançant ainsi dans l'Atlas, les inquiétudes augmentaient; on commençait à jeter un

*

regard sur la distance qui nous séparait de toute espèce de secours. Je n'étais pas exempt de quelques tristes réflexions, et je trouvais en moi-même peu d'arguments pour les combattre; mais dans le moment des plus vives appréhensions, on nous parlait de Constantine, et tout était oublié.

Nous étions guidés depuis Guelma par les débris des corps-de-garde dont les Romains avaient jalonné la route de Bone à Constantine. Ces constructions attestaient également la prudence et la puissance de ce peuple conquérant. Elles sont renversées jusqu'au niveau du sol ; mais les fondations subsistent, et leur caractère ainsi que la nature des matériaux employés demeurent des preuves de l'importance qu'ils y attachaient, comme moyen d'assurer la soumission de ces provinces.

Après trois jours de marche et de pénibles travaux, nous atteignîmes enfin ce col de Merz el Hamar sur le haut duquel nous trouvâmes la trace d'un camp assez considérable qu'y avaient occupé les forces d'Achmet, bey de Constantine, avant de se replier sur cette ville. Nous suivîmes dès-lors la route qu'il avait prise, mais sans qu'il nous eût laissé la moindre chose à recueillir. Des masses de fumier infect marquaient les points de leurs haltes. Bientôt le manque de bois vint se joindre à toutes les privations que nous avions à supporter. Nous ne l'avions pas prévu, et il ne nous en fut que plus sensible.

A mesure que nous approchions du col, nous avions remarqué que les bois et les broussailles devenaient plus chétifs et plus rares ; mais ils disparurent ensuite entièrement. Nous en prenions notre parti dans les premiers instans, pensant que notre marche en deviendrait plus facile dans un pays ainsi découvert, et nous nous flattions de trouver plus bas, dans les vallons, ce bois si nécessaire dont les croupes de montagnes étaient dépouillées ; mais nos recherches furent vaines, aucune apparence de végétation ne vint consoler nos yeux. La terre avait été cultivée; mais on ne voyait pas un buisson, et nous fûmes enfin réduits à recueillir quelques grosses têtes de chardons pour faire cuire nos aliments, triste et faible ressource qui nous manqua même en approchant de Constantine.

Le temps se maintenait heureusement au beau; nous n'étions plus arrêtés que par quelques ruisseaux, dont le cours se dirigeait vers

la ville but de tous nos efforts, et dont plusieurs, encore gonflés par les pluies récentes,
présentaient de véritables obstacles; les abords
en étaient difficiles, et les grosses roches qu'ils
roulaient avec eux faisaient perdre pied aux hommes et aux chevaux, dont nous eûmes le regret
de voir ainsi périr quelques uns sous nos yeux.

(19 novembre) Ce fut à deux journées de
marche de Constantine que les plus grandes
épreuves commencèrent pour nous. Le temps
devint froid, couvert et brumeux : les embarras de tout genre se multipliaient; déjà on avait
cru prudent d'alléger autant que possible la
charge des mulets et du peu de voitures de transport qui nous restaient. Tout fut sacrifié
désormais pour assurer le service des malades,
dont le nombre augmentait chaque jour d'une
manière alarmante. Les objets de luxe ou même
de simple commodité furent détruits ou abandonnés, et on ne réserva que l'absolu nécessaire.
Nous nous vîmes privés de notre tente qui
était notre plus précieuse ressource, et dès ce
moment nous dûmes nous résigner à passer
toutes les nuits en plein air, et sans abri contre
l'humidité de la terre, ou l'abondance des
rosées dont nous nous trouvions inondés le
matin. Le soleil qui, du moins jusqu'alors, nous

avait fait oublier pendant la journée tout ce que
la nuit amenait de fâcheux, disparut derrière
d'épais nuages, et manquant complètement de
feu, nous n'eûmes plus rien pour nous réchauffer
et nous ranimer. Continuellement exposés à une
pluie glaciale ; ayant à lutter contre la violence
de rafales auxquelles on ne pouvait résister,
nous ne trouvions le soir pour nous reposer
qu'un sol délayé, et nous nous couchions dans
la boue. Plus de ces feux brillants qui indi-
quaient sur l'horizon l'étendue et les limites de
notre camp ; plus de ces joies du soldat que
font naître les moindres incidens. L'espace
que nous occupions ne réunissait qu'une masse
sombre et silencieuse au milieu de laquelle les
chevaux même demeuraient sans mouvement
transis de froid, et n'ayant pour soutenir leurs
forces défaillantes qu'un peu de chaume ou
quelques restes de paille hachée. Plusieurs de
ces pauvres animaux ne pouvant plus se relever
furent abandonnés mourants sur la place que
nous quittions. On doublait les attelages avec
ceux qui restaient disponibles ; mais c'était
trop souvent pour les voir s'épuiser en efforts
inutiles.

Le réveil du matin offrait une scène bien
pénible. Nos malheureux soldats, réduits pour

toute nourriture à un peu de biscuit d'une assez
mauvaise qualité, avaient peine à se tirer de la
fange dans laquelle ils avaient passé la nuit;
il ne pouvait plus être question de la tenue
habituelle, et peu d'armes se trouvaient en état
de servir, si nous eussions été sérieusement at-
taqués; cependant on n'entendait ni une plainte,
ni un murmure, et du moment où l'ordre de
service était donné, chacun se rendait à son
poste avec une fermeté que je ne cessais d'admirer. Le soldat français se retrouvait tout
entier au milieu de toutes ces misères. Le sentiment de l'honneur et du devoir parlait plus
haut que toutes les souffrances, et je me sentais ému jusqu'aux larmes, lorsqu'allant causer
avec quelques-uns d'entr'eux, je les voyais plus
occupés du mauvais état de mon équipage que
de leurs propres privations. Cherchant à les
encourager en leur parlant de Constantine, et
des dédommagemens qui les y attendaient, je
me sentais heureux de les voir sourire à cette
pensée, et je concevais tout ce que devaient
éprouver de satisfaction et d'orgueil ceux qui
étaient appelés à commander de pareilles troupes.

La nuit que nous passâmes près du monument de la Somma, à cinq lieues de Constantine, fut véritablement épouvantable : les élé-

ments semblaient déchaînés contre nous ; une
violente tempête, accompagnée de torrents de
pluie, précéda la neige et les frimats dont nous
nous vîmes environnés et couverts au point du
jour ; la contrée tout entière présentait l'aspect
de la Russie pendant l'hiver ; les plaines comme
les montagnes avaient pris cette triste livrée des
climats du Nord, que je ne m'attendais guère à
retrouver sous le ciel de l'Afrique. Etendu sur
un sol détrempé, et à demi gelé de froid, j'avais
mis ma tête à l'abri, en l'enveloppant d'une portion des couvertures, et je cherchais à conserver
ainsi un peu de chaleur. Je parvins à dormir,
parce que, dans presque toutes les situations,
quelques fâcheuses qu'elles soient, le sommeil
vient plus ou moins à l'aide de l'humanité souffrante ; mais je ne puis rendre ce que j'éprouvai lorsque je me vis, à mon réveil, couvert
d'une couche épaisse de givre mêlé de neige et
de grêle, sous laquelle, tout raide de froid, et
pouvant à peine me lever, je devais présenter
assez l'apparence singulière d'un marron glacé.
Je reconnus cependant que c'était à cette étrange
enveloppe que je devais le peu de chaleur que
j'avais pu conserver, car elle m'avait préservé
de cette humidité glaciale, bien plus fatale
encore à ceux qui s'en trouvaient pénétrés.
Parvenu enfin à remonter sur mon pauvre

cheval qui, n'ayant presque rien mangé depuis
deux jours, pouvait à peine me porter, je me
réunis à notre troupe qui commençait à ressem-
bler à une caravane en désordre bien plus qu'à
une armée conquérante.

Le Maréchal, toujours impassible ou confiant,
avait voulu remonter le moral de sa petite armée,
et, soit qu'il le crût réellement, soit qu'il vou-
lût seulement le faire croire, il annonça par
un ordre du jour qui nous causa quelqu'étonnement, que le lendemain on entrerait à Constantine. Il y ajoutait des injonctions sévères sur
la conduite à tenir envers les habitans, et dési-
gnait à l'avance les divers quartiers qui devaient
être assignés aux troupes.

Une déclaration aussi formelle n'aurait été
qu'une cruelle mystification, si elle n'avait pas
été fondée sur des informations positives et
secrètes, qui devaient être parvenues au Maréchal, relativement à ce qui pouvait se passer dans
l'intérieur même de la ville, et des dispositions qui s'y seraient manifestées à notre égard.
Il était assez naturel, dans la triste situation où nous nous trouvions, que l'on s'at-
tachât à toute perspective un peu consolante;
aussi se livra-t-on sans réserve aux espérances

que faisait naître celle-ci, et quand, après quelques heures de marche, les premières vedettes annoncèrent que Constantine était en vue, des cris de joie s'élevèrent de tous côtés [1], et chacun retrouva des forces pour hâter le moment d'y arriver.

Aucune démonstration hostile n'était venue jusqu'alors compliquer nos difficultés. J'en excepte quelques coups de fusil tirés de loin

---

[1] Cette scène devait rappeler quelque chose de l'enthousiasme des Croisés à la vue de Jérusalem, si poétiquement célébré par le Tasse :

> » Ecco apparir Gerusalem si vede !
> Ecco additar Gerusalem si scorge!
> Ecco da mille voci unitamente
> Gerusalemme salutar si sente ».

Virgile ne dit-il pas aussi, en peignant l'impression des Troyens à la première apparition des côtes d'Italie :

> .... » Italiam primus conclamat Achates !
> Italiam læto socii clamore salutant ».

Le duc de Caraman aurait-il pu croire alors qu'il était venu des rives de la France comme pour reconnaître cette ville, dans les murs de laquelle, et après la conquête, devait l'année | suivante succomber l'aîné de ses fils, général commandant l'artillerie destinée à ouvrir la brèche à la valeur de nos troupes, et que ce fils, objet de si justes et de si profonds regrets, serait enseveli au pied de ces remparts démantelés.

en loin, et hors de portée, par des éclaireurs
arabes qui, au grand galop de leurs chevaux,
se détachaient de leur petite troupe pour venir
ainsi nous révéler leur présence. On ne se
donnait pas la peine d'y répondre : nous passâmes même auprès de quelques douairs où les
femmes étaient restées ; elles ne paraissaient
concevoir aucune crainte. Nous n'y trouvâmes
aucune ressource ; mais, enfin, nous approchions, et toute la gaîté française s'était
réveillée en se voyant si près du but de notre
expédition.

Depuis *Merz el Hamar* nous avions suivi le
mouvement de retraite d'Achmet qui, après
avoir traversé Constantine, où il avait laissé son
lieutenant, avait pris position dans une vallée
en arrière de la ville. Une grande agitation
parut se manifester à notre approche (21 novembre) ; quelques détachemens se présentèrent,
avec l'intention apparente de s'opposer à notre
prise de possession des deux points d'où l'on
dominait la ville ; mais à la moindre démonstration faite de notre part ils se replièrent en
toute hâte. Notre avant-garde fut accueillie par
des cris épouvantables, et une foule immense
d'arabes se précipita au pas de course et sans
ordre hors des portes de la ville, et jusques

sur nos tirailleurs ; mais cette impétuosité,
assez ridicule, ne se soutint pas après les pre-
miers.coups de fusil, et cette même foule rentra
dans la ville plus vite encore qu'elle n'en était
sortie.

Dès le soir, nous étions en position devant
Constantine que nous menacions de deux côtés ;
mais sans vivres, sans munitions, tous nos
équipages s'étant trouvés arrêtés par les obstacles qu'opposaient des chemins défoncés et des
torrents grossis qu'il fallait passer à gué, ce
qui était devenu momentanément impraticable.
Deux des côtés de la ville demeuraient en libre
communication avec le dehors et le camp
d'Achmet.

Notre dernière journée de marche avait été
extrêmement pénible. Les démonstrations des
arabes, quelque peu dangereuses qu'elles fussent, ne nous en forcèrent pas moins à resser-
rer nos colonnes par prudence : les chemins en
devenaient de plus en plus mauvais ; on doubla
nos attelages épuisés pour faire avancer l'artillerie
et l'ambulance qui n'arrivèrent qu'avec grande
peine sur le plateau de Mansourah, enfin, on
détruisit toutes les voitures que l'on se voyait
obligé d'abandonner ; mais tant de précautions

et de sacrifices étaient encore insuffisans pour rallier les traîneurs imprudens ou trop affaiblis : plusieurs d'entr'eux tombèrent au pouvoir des arabes, et nous ne tardâmes pas à apprendre avec un profond sentiment de tristesse que déjà un certain nombre de têtes avaient été portées au camp d'Achmet, comme de sanglants trophées de leurs prétendus succès.

On s'établit, tant bien que mal, en arrivant; mais le temps continua à nous persécuter. La neige qui couvrait les montagnes fondait sous nos pieds, et privés de feu comme nous l'étions, campés sur un terrein fangeux, exposés à un vent froid qui pénétrait à travers nos vêtemens, réduits pour tout aliment à un peu de biscuit, il n'était pas étonnant que nos soldats succombâssent à la fièvre et à la dyssenterie, et nous en perdîmes plusieurs pendant la nuit. C'est ainsi que de nouvelles épreuves venaient remplacer ces rêves de succès et cet espoir du bien-être que nous devions trouver dans Constantine. Les plus confians ne purent s'empêcher d'en ressentir quelqu'atteinte de découragement.

Le lendemain, vers midi, la prière générale fut annoncée dans la ville du haut des minarets, et répétée par la foule réunie sur les remparts. Le pavillon rouge des arabes fut alors arboré sur les principales batteries de la place et sur la Casbah : il fut assuré par un coup de canon de gros calibre, tiré à boulet; et dès ce moment il devint évident que ce n'était qu'à la suite d'un siège ou d'une attaque de vive force que les portes de Constantine devaient s'ouvrir pour nous, et que la garnison était décidée à se défendre.

Notre position devenait fort critique. Partis de Bone avec une faible armée mal approvisionnée, nous nous trouvions réduits par les maladies à un nombre très insuffisant de combattans, et nous ne pouvions attendre aucun renfort. Il fallait penser à la possibilité d'une retraite, réservant encore pour cette éventualité ce qui devenait nécessaire sur le peu qui nous restait en subsistances et munitions. Il était trop certain que si le mauvais temps continuait, les chemins devenant impraticables, les moyens ordinaires se trouveraient inutiles, et qu'il faudrait abandonner tout le matériel pour assurer le transport de nos malades.

Une circonstance particulière était encore venu aggraver cette fâcheuse position. Le Rummel dont le cours formait en grande partie l'enceinte de Constantine, et qui n'était ordinairement qu'un maigre ruisseau que l'on pouvait traverser presqu'à pied sec, se trouvait converti, par suite des pluies, en un torrent impétueux, présentant une barrière à peu près insurmontable. Notre avant-garde était bien parvenue à la franchir le jour même de notre arrivée, à la faveur d'un gué encore existant alors, bien qu'il présentât du danger, et s'était établie sur le plateau de Coudiat-Ali, qu'elle devait occuper avec quelques pièces d'artillerie légère; mais dès le lendemain (22 novembre) toute communication était devenue impossible, et nous étions aussi inquiets de son sort qu'elle devait l'être du nôtre, ne pouvant nous prêter réciproquement aucun secours, ni combiner aucun mouvement. Cet état de choses aurait pu avoir pour nous les conséquences les plus désastreuses, s'il eût été connu et apprécié des arabes, qui heureusement parurent ne pas s'en douter.

Le Maréchal fit encore quelques efforts pour faire arriver des émissaires dans la ville et tenter la cupidité des chefs; mais ils furent sans résultat, et il ne resta plus qu'à se décider à une attaque de vive force. Il fut arrêté que l'on tenterait d'ouvrir une brèche, en faisant sauter

sauter la porte qui s'ouvrait sur le pont d'Alcantara, et que l'assaut serait donné aussitôt que
la brèche serait praticable ; mais on eut beaucoup
de peine à faire parvenir à l'avant garde les
instructions nécessaires pour qu'elle pût opérer
de son côté, et en même temps, une fausse
attaque.

(23 novembre) La perspective d'un prochain
assaut produisit sur nos soldats son effet ordinaire : chacun y salua l'espoir de trouver une
occasion de gloire et de distinction ; les maux
passés et présens en furent oubliés, et l'ardeur
la plus vive vint s'emparer de ces troupes épui-
sées par tant de fatigues.

Dois-je avouer que je m'associai à toutes ces
impressions, et que, sans m'arrêter à considérer
ce qu'il pouvait y avoir de peu en rapport avec
mon âge dans cet empressement à exposer, sans
nécessité et sans mission, le peu de jours qui
pouvaient m'être encore réservés, je ne m'occu-
pai que du choix du poste qui me mettrait à
même de prendre une part directe à la partie la
plus vive de l'action qui se préparait ? Le colonel
du 2me léger, qui avait la tête de l'attaque, et qui
avait pris position en silence près de la porte
que l'on battait en brèche, me reçut dans ses

rangs, et j'attendis avec une ardente anxiété le signal qui devait nous être donné aussitôt que le génie serait parvenu à attacher un pétard à la porte intérieure, et à la faire sauter. Déjà l'artillerie, peu nombreuse à la vérité, qui battait avec vigueur la porte d'Alcantara, avait réussi à ouvrir un premier passage ; mais il ne restait presque plus de munitions, et ceux qui la dirigeaient avaient fait observer qu'il était indispensable de s'en réserver en cas de retraite. A minuit, les mineurs, soutenus par le feu de toutes nos batteries, s'élancèrent au milieu des débris de la première porte ; mais, exposés à la fusillade meurtrière des arabes, qui les ajustaient presqu'à bout portant par des ouvertures pratiquées dans les maisons voisines, les sacs à poudre s'étant trouvés, par une inexplicable confusion, mêlés avec les sacs à terre, ils ne purent, malgré leurs efforts long-temps soutenus, accomplir la dangereuse mission qui leur était assignée : le pétard ne put être attaché ; la porte résista, et ces braves gens, ne voyant aucun espoir de succès, furent obligés de revenir après avoir éprouvé une perte considérable. Les troupes destinées à tenter l'assaut furent dès-lors retirées de la position où elles se tenaient cachées, et le feu se ralentit sur tous les points. Je remontai tristement avant le jour (24 novembre) sur le plateau d'où nos pièces avaient battu la porte, et j'y trouvai le Maréchal et le Prince recevant dans un sombre silence les rapports qui se succédaient. Toute la question se réduisit bientôt à savoir si l'on emploîrait le peu qui nous restait de munitions à tenter un nouvel effort mieux combiné, ou si on les conserverait pour assurer la retraite au besoin. Le premier parti était brillant, mais hasardeux ; il fallait réussir, ou se considérer comme perdus : les conseils d'une sage prudence devaient être écoutés. Le Maréchal demeura quelques instans plongé dans une profonde méditation ; puis, se relevant avec une fermeté et une décision que je fus obligé d'admirer, bien qu'elles contrariâssent tous mes vœux secrets, il exposa sans rien dissimuler, et en peu de mots, au Prince la situation telle qu'elle se prononçait, lui dit quelle était l'opinion que la prudence et sa responsabilité, le portaient à adopter et lui demanda son avis. Le duc de Nemours ne pouvait mieux faire que de s'en rapporter à ce que le Maréchal jugerait devoir ordonner pour le salut de l'armée, et toutes les mesures furent immédiatement prises pour que le mouvement de retraite pût commencer à s'effectuer avant que le jour eût instruit les arabes de la détermination prise.

*

Il est peu de circonstances où un homme ait eu plus à mettre au jeu du sort que le maréchal Clauzel dans cet instant solennel. Renonçant à toutes les chances du succès brillant qu'il s'était promis, après avoir vu tant d'obstacles heureusement surmontés; pouvant peut-être encore se flatter de réussir en risquant un dernier effort, il allait d'un seul mot compromettre une réputation acquise, abandonner tous ses rêves de gloire, et échanger des espérances naguères si belles encore contre les dangers d'une retraite hasardeuse. Lui-même allait, ainsi, donner gain de cause à ceux qui, jaloux de sa fortune militaire, avaient déjà taxé de haute imprudence son obstination à poursuivre une entreprise environnée de tant de difficultés. Il ne pouvait se dissimuler que son rôle était fini dès qu'il s'éloignait de Constantine sans y être entré, et la confiance qu'il avait cherché à inspirer ne paraîtrait plus à bien des yeux qu'une vaine jactance. Placé près de lui, je l'observais attentivement, et je me faisais une idée de tout ce qui devait se passer dans son ame. Je n'en appréciai que plus la force de caractère avec laquelle il prit sa résolution, et prononça, sans ajouter une parole, ce mot de *retraite*, si pénible pour lui comme pour nous. Rien n'excite plus vivement l'intérêt que le spectacle d'un homme de cœur aux prises avec un grand revers : une telle situation, noblement soutenue, le place à une grande hauteur, et j'éprouvais, le dirai-je? une sorte de satisfaction à reconnaître et à étudier ici toute la puissance d'une ame fortement trempée.

Le calme apparent du Maréchal, lorsqu'il devait être en proie aux plus pénibles réflexions, ne se démentit pas pendant toute la retraite : il ne se montra pas un instant découragé; ses ordres furent toujours clairs et précis, et jusqu'au dernier moment, toujours au milieu des troupes, on le vit déployer toute l'activité de la jeunesse. Je ne prétendrai pas le juger sous tous les rapports; mais je puis affirmer que la confiance des soldats lui est restée toute entière, et ils le lui ont assez prouvé dans toutes les phases de cette fatale retraite.

La sollicitude du Maréchal se porta avant tout sur les moyens d'assurer le transport des malades et des blessés dont le nombre s'était accru d'une manière effrayante, et promettait de s'accroître encore pendant la marche que nous avions à faire. Les ordres les plus sévères furent donnés pour que l'on détruisît tout ce qui ne serait pas d'une nécessité absolue, et chacun fit sans murmurer son sacrifice, pour assurer le salut de ceux que rien n'aurait pu sauver du fer des arabes, s'ils ne se trouvaient pas protégés par toutes les forces que nous pouvions réunir encore. Je perdis dans cette occasion le petit bagage que j'avais emporté : je le croyais bien en sureté sur l'avant-train d'une de nos pièces; mais ce dernier refuge devint encore nécessaire à quelques malades, et tout fut, ou brûlé, ou abandonné aux arabes. Il nous avait été impossible, en marchant sur Constantine, de trouver le moment de changer de quoi que ce soit : en revenant il ne me restait plus rien; de sorte que je reparus à Bone avec la même toilette que le jour du départ, en y joignant une barbe digne d'un enfant du désert.

Je reprends ma narration au point où cette digression l'avait suspendue (24 novembre), c'est-à-dire au commencement du mouvement de retraite. Dès l'aube du jour toutes les colonnes de marche étaient formées, et nous abandonnions le plateau de Mansourah. La colonne du centre était composée de tous les équipages, de l'ambulance, des munitions, et d'une partie des vivres, sévèrement calculée par rations, de manière à ce que chaque individu eût la portion nécessaire à sa subsistance jusqu'à Guelma, où nous devions trouver des approvisionnemens, et où l'on devait déposer les malades. Deux colonnes couvraient les flancs de la première, et le reste des troupes formait l'avant-garde et l'arrière-garde.

Tous les mouvemens s'exécutaient avec un ordre parfait, mais dans un morne silence. Le temps était affreux, et la route à suivre indiquée par les débris des chariots qu'il avait fallu abandonner, et les cadavres des chevaux et mulets morts de fatigue et d'inanition, et qui, enfoncés dans une boue épaisse et profonde, semblaient attendre les nouvelles victimes que nous devions y ajouter. Le spectacle le plus douloureux pour nous fut celui que nous offrirent les restes mutilés de ceux de nos malheureux soldats ou autres hommes appartenant à l'armée, qui s'étant imprudemment écartés de la ligne de marche, ou n'ayant pas eu la force de suivre et restés en arrière, étaient ainsi tombés au pouvoir des arabes. Sur cette route, si tristement jalonnée, nous rencontrions à chaque pas des preuves de la férocité de nos ennemis, d'autant plus pénibles pour nous, que nous nous sentions dans l'impossibilité actuelle d'en tirer vengeance.

Les arabes ayant acquis la conviction que

nous nous retirions réellement, se répandirent de tous côtés dans l'espoir de nous attaquer avec avantage, ou même de nous couper la retraite, et de nous amener à la dure nécessité de devoir nous rendre ; mais l'ordre qui se maintint constamment dans la marche et le courageux dévoûment de nos soldats qu'aucune fatigue ne pouvait lasser, lorsqu'il s'agissait de défendre le précieux dépôt de leurs camarades blessés ou malades, apprit bientôt aux Arabes que nous n'étions pas encore sans moyens de résistance, et ils se contentèrent de nous harceler sans cesse, en nous mettant dans la nécessité d'observer leurs mouvemens avec l'attention la plus soutenue. Leur habitude étant heureusement de se réunir dans un camp, et par tribus, au coucher du soleil, et de ne rien entreprendre pendant la nuit, il nous était permis de prendre ainsi quelques instans de repos.

Notre première nuit se passa près de ce même monument de la Somma (25 novembre), d'où, si peu de jours auparavant, nous avions aperçu pour la première fois Constantine : elle fut bien triste, et notre réveil le fut encore davantage ; car l'aspect de notre petite armée était déplorable : privés depuis huit jours de toute espèce de combustible, il nous avait été impossible de réchauffer nos corps transis, ni de ranimer nos forces par quelque nourriture chaude; il fallait nous contenter d'un peu de ris cru , ou de mauvais biscuit trempé dans de l'eau froide; l'eau-de-vie seule parvenait à nous remonter au moins pour quelque temps; mais des nuits passées sans abri, dans des mares de boue, et le froid pénétrant d'une pluie glaciale, accompagnée par fois de grêle ou de neige, venaient épuiser les derniers ressorts des plus robustes constitutions, et nos plus vigoureux soldats ressemblaient à des spectres ambulans. Tant que l'espoir du succès les avait animés, ils avaient supporté tant de misères avec constance ; mais l'impression du revers que nous venions d'éprouver pesait cruellement sur leur moral ébranlé , et l'idée du devoir parvenait seule à les empêcher de se livrer au plus complet découragement. Un assez grand nombre d'entr'eux ayant eu les pieds gelés pendant ces longues nuits de bivouac, pouvait à peine se soutenir et porter leurs armes. La dyssenterie faisait de rapides progrès, et la quantité de malades qu'il fallait chaque jour envoyer à l'ambulance devenait véritablement effrayante.

Je marchais ordinairement à l'arrière garde, pour mieux observer les mouvemens des Arabes,

et contribuer à encourager autant que je le
pouvais nos soldats. Une ligne de tirailleurs
tenait l'ennemi en respect, en couvrant notre
marche, et c'était contre cette petite troupe
que se concentraient tous les efforts des arabes;
mais ils la trouvaient toujours en bon ordre et
en mesure de les repousser. Le caractère français se montrait tout entier dans cette situation
périlleuse. Ailleurs la marche était morne et
silencieuse : la fatigue, l'épuisement même,
répandaient une teinte sombre sur tous les
visages, et l'ensemble de la retraite présentait
le plus triste tableau.

Plus nous avancions, et plus nos moyens de
résistance s'affaiblissaient. Je voyais avec dou-
leur beaucoup de nos soldats, comme anéantis
par cette trop longue lutte contre tant de souffrances, se coucher par terre, en se refusant à
toutes les instances de leurs camarades qui les
pressaient de venir chercher un refuge parmi
eux ou près de la colonne du centre. Ces
malheureux, condamnés à devenir les victimes
des arabes, aussitôt que la ligne de tirailleurs les
aurait dépassés, préféraient une mort certaine
aux maux qu'ils ne se sentaient plus en état
de supporter.

Honteux, en quelque sorte, de mon inutilité

dans de telles circonstances, je conçus l'heureuse pensée de me vouer au soin de porter
aide aux malheureux que je voyais ainsi suc-
comber. Je me mis en quête de ceux qui,
pour ne pas se voir contraints de marcher,
cherchaient à se dérober à la vue de leurs camarades ; je les exhortai à reprendre courage,
et, en leur présentant la mort comme inévitable si le progrès obligé de la marche les livrait
aux arabes, je parvins ainsi à obtenir de plusieurs d'entr'eux un dernier effort et à ranimer
en eux l'instinct de la conservation. D'autres
à la vérité résistèrent à toutes mes prières, et
je les vis quelques instans après (26 novembre)
tomber entre les mains des arabes, et recevoir
cette mort qu'ils invoquaient pour ainsi dire.
Ce douloureux spectacle m'inspirant une nouvelle énergie, j'imaginai de faire servir mon
cheval à sauver ces malheureux lorsque je les
voyais sourds à toutes mes représentations.
Décidant les uns de gré ou de force à monter
en selle, d'autres à se soutenir en s'attachant
aux crins, je les ramenais ainsi à portée d'une
de nos colonnes, à laquelle je les confiais pour
qu'ils fussent conduits à l'ambulance, et je
retournais avec mon fidèle coursier recommen-
cer les mêmes recherches pour revenir avec
un nouveau résultat. Je ne puis dire ce que

j'éprouvai de jouissance au premier succès de ce genre que j'eus le bonheur d'obtenir. Je sentais mes forces renaître ; je redoublai d'activité, d'instances et de persévérance pour arracher à une mort certaine ces braves gens, qui n'avaient plus la possibilité de résister. Dans l'un de ces voyages improvisés, j'avais placé deux hommes en travers sur mon cheval comme des sacs à blé, tandis que deux autres se cramponaient aux crins ; et ce fut ainsi, marchant moi-même à côté d'eux et tenant la bride, que j'arrivai près de leurs camarades, au milieu desquels je déposai mon précieux fardeau. J'étais assurément bien récompensé de mes efforts par les bénédictions dont ces braves gens me comblaient, lorsque je les quittais pour reprendre mes recherches et la tâche si douce que je m'étais assignée.

Je ne sais quel a pu être le nombre de victimes si évidemment dévouées à la vengeance des Arabes que je fus assez heureux pour sauver ainsi pendant les deux ou trois premières journées de retraite. Je m'y consacrais sans relâche depuis le point du jour jusqu'au coucher du soleil, et j'aurais voulu pouvoir me multiplier ; mais quel que fût mon zèle, il n'a pu m'être donné que de remplir imparfaitement cette mission d'humanité, et beaucoup ont succombé loin de moi, car j'avais trop d'espace à parcourir. Mes moyens étaient bien limités, puisqu'ils se réduisaient à mon cheval et à ma bonne volonté, qui l'un et l'autre, du moins, n'ont point failli dans cette circonstance.

J'avais fini par être si bien connu des soldats dans les fonctions que je m'étais attribuées, qu'ils m'appelaient de loin pour m'indiquer quelque malheureux qui avait échappé à mes recherches. J'eus à me féliciter plus tard de retrouver à l'ambulance quelques-uns de ceux que j'avais réussi à soustraire à une perte trop probable, et je citerai parmi ceux-ci un jeune sergent-major d'un de nos régimens d'infanterie légère que j'avais découvert caché derrière un rocher, décidé à y attendre les Arabes, et préférant leurs coups aux pénibles efforts qu'il fallait faire pour y échapper. J'avais inutilement employé tous les moyens de persuasion auxquels il répondait en me montrant son pied gelé, et l'impossibilité qui en résultait pour lui de se soutenir et de marcher. En éprouvant la peine la plus vive, ne sachant plus que faire et ne voulant pas l'abandonner, je mis pied à terre, et lui déclarai avec force que je ne le quitte-

rais pas, et que je me ferais tuer près de lui
s'il se refusait à venir avec moi. Ce brave
homme, touché de ce que je lui témoignais de
dévoûment, me dit alors, en me regardant avec
des yeux à demi éteints et une contraction de
traits que je ne saurais oublier : « quoi, mon
» Général, c'est vous qui me donnez ainsi la
» main ? eh bien ! je n'ai rien à vous refuser » ;
puis, se cramponnant au frêle appui que je lui
présentais, il parvint à se soulever ; mais la dou-
leur l'empêchant de se tenir debout, il retomba,
en ajoutant : « vous voyez que c'est impossible ».
Cependant les arabes approchaient : les tirailleurs allaient nous dépasser ; les balles sifflaient
autour de nous, mais heureusement sans nous
atteindre. L'urgence du danger me donna une
vigueur dont je ne me croyais pas susceptible,
et qui tenait d'une sorte de fureur ; car, saisis-
sant à terre ce jeune sous-officier, je parvins
à le jeter sur mon cheval, et à rejoindre avec
lui la colonne. Je le revis depuis convales-
cent à l'ambulance de Bone, et l'on peut
juger de la satisfaction que nous eûmes à nous
retrouver avec l'impression du souvenir récent
de ce péril que nous avions partagé.

(28 novembre) En approchant de Merz el
Hamar la poursuite des arabes, auxquels nous

avions donné quelques sévères leçons, notamment lors de la belle défense du bataillon commandé par le brave Changarnier [1], devint insensiblement moins active ; bientôt nous ne les vîmes plus que de loin en loin, et la marche en devint moins pénible. Nous retrouvâmes aussi de rares buissons qui nous offrirent le moyen de faire cuire quelques aliments. Ce fut pour nous une véritable fête, et pour nos malades un secours bien précieux. Enfin, le ciel lui-même voulut avoir sa part de cette amélioration si désirée, car le temps se remit au beau, le soleil reparut, sécha les chemins, et vint réchauffer nos membres engourdis.

Le corps d'expédition, que nous ne pouvions même au départ de Bone qualifier du nom d'armée, se trouvait tellement réduit à notre retour (30 novembre), que les moindres actions étaient bientôt connues de tous. C'est ainsi que la conduite que j'avais pu tenir pendant la

---

[1] Les détails de ce mémorable fait d'armes ont été reproduits dans le temps, et sont généralement connus. Le duc de Caraman, placé sur un autre point de la ligne de retraite, a manifesté souvent le regret qu'il avait éprouvé de n'avoir pu s'y associer.

retraite fut signalée parmi ceux qui me voyaient
sans cesse au milieu d'eux. Je n'avais certes
pas eu la pensée d'occuper le public de ce qui
me semblait l'action la plus simple et la plus
naturelle dans la position où nous nous trouvions. Je n'y cherchais qu'un soulagement aux
impressions pénibles que faisait éprouver le
douloureux spectacle d'une telle retraite, et
je me félicitais de l'avoir obtenu, en y ajoutant
ce sentiment inappréciable de bonheur que
je ressentais lorsque j'avais mis en sûreté
quelqu'une de ces têtes que la férocité arabe
considérait déjà comme une proie qui lui
était acquise. Je trouvai plus tard une autre
source de jouissance dans cette reconnaissance
qui me fut témoignée par toute l'armée [1], et
que je vis plus tard encore confirmée sur le sol
natal. Ce fut, en effet, avec autant de bonheur
que d'étonnement, que je devais apprendre,
en débarquant à Toulon, que le rapport de
cette circonstance si heureuse pour moi, qui
m'avait mis à même de me rendre utile, et que
je croyais à peine connue dans le très petit
espace où elle s'était présentée, avait passé la
mer avant moi, et avait attiré sur ma personne
l'attention

---

[1] Voir à la fin les notes A et B.

l'attention, l'intérêt et même la gratitude de la France entière, dont j'eus occasion de recueillir les preuves les plus précieuses pour moi. J'avais soixante-quatorze ans lorsque je formai la résolution de passer en Afrique : je n'y portais que le caractère de curieux ; j'étais bien loin de songer à y jouer un rôle quelconque ; mais les vues de la Providence sont inexplicables, et tandis que l'expédition de Constantine fut une source de malheurs pour beaucoup de ceux qui y prirent part, je devais en rapporter, sans que je m'en doutasse, un accroissement de considération que je mettais à un si haut prix.

Revenu à Bone, je me trouvai encore tellement préoccupé de la pensée première qui m'avait conduit en Afrique, que je voulus, avant de retourner en France, revoir Alger, et étudier avec plus de détail ce que je n'avais pu qu'observer superficiellement avant que l'expédition vînt nous enlever à nos investigations toutes pacifiques. Je me séparai donc avec regret de mes compagnons d'infortune, et particulièrement du duc de Mortemart qui s'embarqua directement de Bone pour Toulon. Arrivé à Alger, je visitai avec le plus grand intérêt l'établissement formé par le prince de

Mier, réfugié polonais, qui me paraît avoir, à peu près seul, compris tout le parti que l'on pouvait tirer des indigènes pour la culture des terres que l'on tenterait de mettre en valeur. Ce bel et bon exemple ne trouvait malheureusement que peu d'appui, et le prince de Mier n'avait pas à sa disposition des fonds suffisans pour soutenir ce qu'il avait commencé. Je m'efforçai vainement de le signaler comme ayant compris le principe qui pouvait tout concilier; ma faible voix se perdit dans le désert, et il n'en put rien résulter. Après différentes courses faites dans les environs d'Alger, je m'embarquai, enfin, pour la France (22 décembre), et après une navigation pénible et fatigante, ayant été jeté successivement à Mahon et à Ajaccio, je finis par aborder à Toulon (1er janvier 1837), d'où je ne tardai pas à me rendre à Paris [1].

Mon retour en France fut un petit triomphe. On m'attribuait l'honneur d'avoir contribué par mon exemple à soutenir le moral de l'armée, et mon principal mérite était de me bien porter lorsque tant d'autres succombaient

---

[1] Voir à la fin la note G.

à la souffrance et à la maladie, comme de conserver une égalité d'humeur que d'autres encore perdaient au milieu des privations et des fatigues de tout genre ; ce qui ne me coûtait rien, parce que telle était ma nature.

Cette expédition à laquelle j'ai pris part, sans y avoir été appelé, a ainsi imprimé sur la dernière page de ma vie un caractère dont il m'est permis de m'enorgueillir ; car, humble imitateur de celui de mes aïeux auquel le grand Roi accorda une distinction spéciale et si honorable pour avoir sauvé l'armée française au combat de Wange [1], j'ai eu le bonheur d'en obtenir une en quelque sorte analogue [2], comme récompense de quelques services rendus, cent

---

[1] Voir à la fin la note C.

[2] Ceci se rapporte à la médaille décernée par décret du 25 février 1837. On a vu qu'il entrait dans les idées du duc de Caraman de préférer ce genre de récompense toute civique et nationale à toute autre qu'il eût pu sans doute obtenir. Ses impressions de jeunesse se réveillaient dans ce sens, et il aimait à être ainsi associé à ceux dont l'Etat reconnaissait le zèle pour la cause de l'humanité souffrante. Honoré de plusieurs des plus beaux ordres de l'Europe, il avait jugé qu'une distinction de cette nature pouvait marcher de pair avec eux.

Voir à la fin les notes E et F.

84

trente-un ans après, dans la retraite de Constantine [1].

Ce n'est toutefois qu'en arrivant en France que
j'appris à quel point le peu de bien que j'avais pu
faire en Afrique avait été divulgué, commenté,
amplifié, de manière à me convertir en un per-
sonnage vraiment populaire, et si j'avais été
loin de penser qu'aucune action de ma vie pût
me valoir un tel honneur, je ne l'en reçus
qu'avec une satisfaction plus vive encore à
laquelle la Chambre des pairs voulut bien
ajouter, en manifestant hautement le prix
qu'elle attachait à la conduite d'un de ses
membres, et en me nommant, à l'unanimité,
l'un de ses secrétaires.

---

[1] **Un** souvenir plus récent, se rattachant à son père, occupait,
sans doute alors aussi, la pensée du duc de Caraman. Nous
saisissons l'occasion de rappeler ici l'action brillante qui
honora la vie du premier dans le cours de la guerre de sept
ans, et qui lui valut les témoignages les plus flatteurs de la
satisfaction de ses chefs.

Voir à la fin la note D.

FIN.

NOTES.

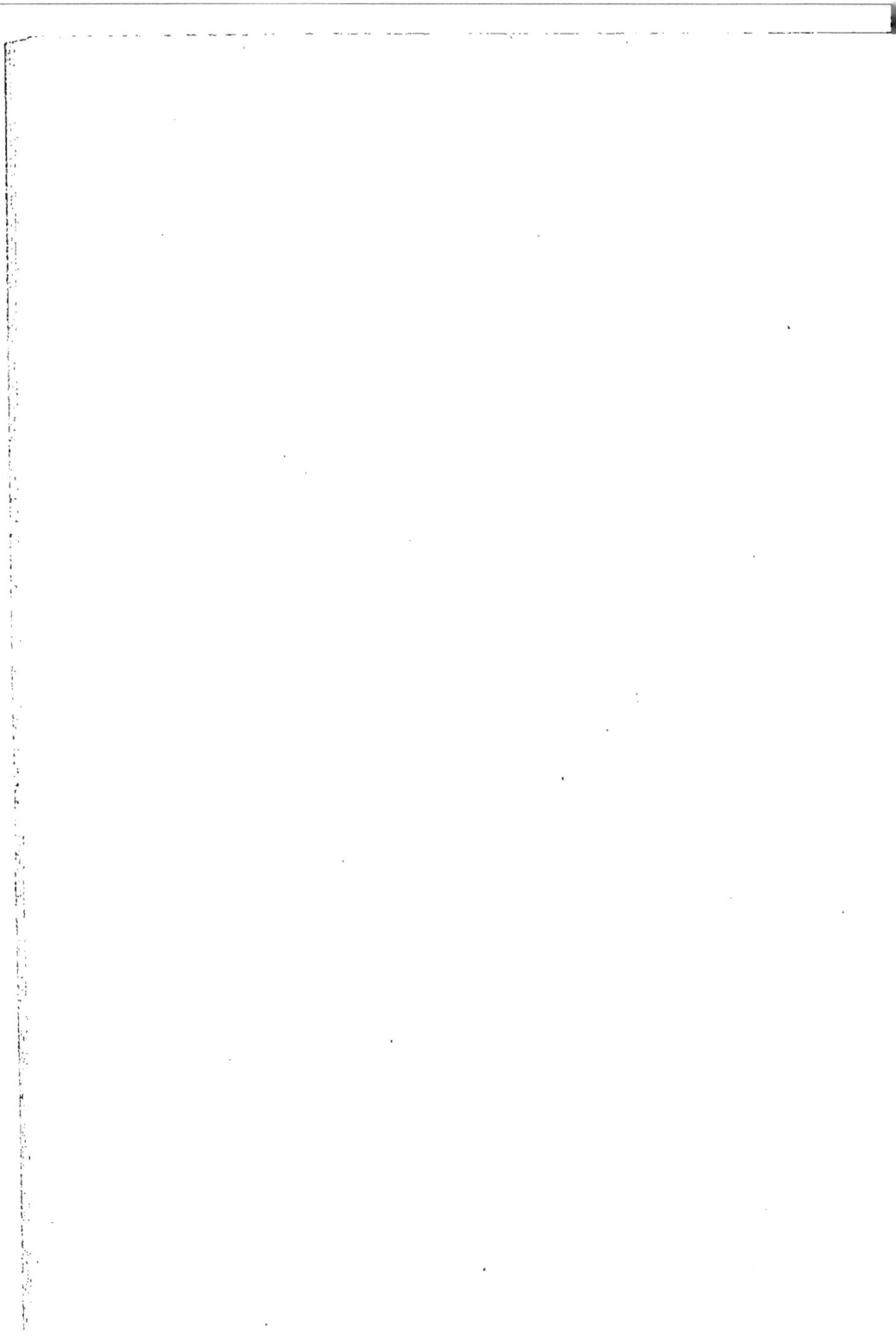

Note A, page 80.

On lit dans le *Journal de l'expédition et de la retraite de Constantine en 1836*, *par un Officier de l'armée d'Afrique*, les lignes suivantes :

« Le respectable duc de Caraman, le duc de Mortemart et son gendre, n'ont mérité que des félicitations et des remercîmens. Le premier, auquel les soldats malades ou blessés ont dû tant de secours, tant de soins dévoués et modestes, commença la soixante-quinzième année de sa vie au milieu de cette large scène de désastres et de terreur, sans que la dignité de son courage, la grâce de ses manières, le calme de son esprit, le charme vénérable de son visage et de ses paroles, en aient été un seul instant troublés ».

Note B, page 80.

Douaira, le 7 avril 1837.

MONSIEUR LE DUC,

C'est avec le plus grand intérêt et la plus vive satisfaction que nous avons appris, par les journaux, que M. le Ministre de l'intérieur avait fait frapper une médaille pour perpétuer le souvenir du dévoûment et du courage dont vous n'avez cessé de donner l'exemple pendant le cours de notre malheureuse expédition , en sauvant les blessés, et leur rendant par vos paroles encourageantes cette force morale qu'il n'est donné qu'à l'homme énergique de pouvoir inspirer.

J'ai pu juger combien avait été grande l'influence de votre exemple , car, en vous voyant, nos soldats se sont électrisés ; pas un blessé de mon corps n'a été abandonné , et quelques-uns de ceux qui appartenaient à d'autres régimens ont pu être emportés et sauvés par nous.

Votre conduite, MONSIEUR LE DUC, a été au-dessus de tout éloge, et la couronne civique qui vous est décernée est bien assurément justement méritée.

Excusez la franchise toute militaire avec laquelle je me suis permis de vous écrire ; mais *j'ai vu ,* et mon cœur n'a point oublié le cri de la reconnaissance. L'homme qui, au péril de sa vie , vient au secours de son semblable , est digne de tous nos respects et de tous nos hommages.

J'ai l'honneur d'être , etc., etc.,

MONSIEUR LE DUC , etc., etc.

(Signé) GIRAUDET ,

Capitaine des Voltigeurs du 3me bataillon du 2me léger , ex-Commandant du camp de Bouffarick.

Note C , page 82.

COMBAT DE WANGE.

18 Juillet 1705 [1].

L'armée des deux couronnes, composée de cent dix bataillons et cent soixante escadrons, aux ordres de l'Electeur de Bavière, ayant avec lui le maréchal de Villeroi et le maréchal d'Arco, après avoir opéré quelques mouvements sur la Meuse, s'était retirée dans les lignes de la Gette, entre Nodoüe et Diest, qui se prolongaient, d'une part, jusqu'à Marché-aux-Dames sur la Meuse, et de l'autre jusques vers Malines, en suivant le cours du Demer et de la Dyle. Cette armée campait par quartiers séparés, et occupait, de la droite à la gauche, une étendue de pays d'environ 20 lieues, laissant, entre ses divers quartiers, des intervalles presqu'entièrement dégarnis. L'Electeur de Bavière avait cru devoir donner à cette position défensive un aussi grand développement, afin d'être à même de faire face sur tous les points aux projets d'agression du duc de Marlborough et du Maréchal d'Owerkerque, et de pouvoir contre-balancer d'ailleurs les forces bien supérieures de l'ennemi.

Le 17 Juillet 1705, le duc de Marlborough fit faire

---

[1] Je dois ces renseignemens à l'obligeance de M. Julien Clausade, capitaine d'état-major, dont le nom se rattache au nôtre dans tout ce qui se rapporte à l'administration du Canal du Midi, comme dans les souvenirs si précieux pour notre famille.

Cte G. de C.

une fausse attaque sur la droite des lignes vers Meffe-
len, pour y attirer l'attention et les forces de l'armée
française, et se porta ensuite par un mouvement
rapide, dans la nuit du 17 au 18, à la hauteur du
château de Wange. Il détacha en même temps un
corps composé de vingt-un bataillons et de vingt-quatre
escadrons, avec de l'artillerie, pour attaquer vigoureusement dès le point du jour. Ce détachement commença en effet l'attaque le 18 juillet, à quatre heures
du matin, et put pénétrer facilement dans les lignes;
car elles n'étaient défendues, sur ce point, que par
environ quarante hommes, et se trouvaient d'autant
plus accessibles qu'on n'avait pas eu la précaution de
rompre le pont du moulin du château de Wange. Cet
obstacle une fois franchi, l'ennemi se forma au-delà
des retranchemens, et prit immédiatement ses dispositions pour attaquer les lignes de flanc et à dos.

. A cette nouvelle l'Electeur envoya immédiatement
l'ordre à MM. de Caraman, d'Antin, et au prince de
Birkenfeld de le suivre avec vingt-un bataillons qui
étaient sous leur commandement, du côté de Nodoüe,
à deux lieues au sud de Wange, sur la droite de la
ligne, et S. A. E. prit aussitôt les devans au trot et
au galop avec sa cavalerie, forte d'environ trente-cinq
escadrons.

. [1] « Il trouva, en arrivant, une ligne de cavalerie
» ennemie formée, et une seconde derrière qui ne
» tarda pas à l'être : les ennemis passant alors à toute
» bride sur le pont du moulin de Wange, dans le
» fond duquel le comte de Noyelles avait posté onze

---

[1] Tout ce passage est la citation textuelle de l'histoire de
Quincy, tome IV, pag. 506.

» bataillons, l'Electeur forma de suite une ligne de trois
» petits escadrons, ayant les brigades de Los Rios et
» de Gondrin derrière. Les ennemis firent d'abord des
» décharges fréquentes de l'infanterie dont on vient
» de parler sur cette cavalerie, qui en souffrit beau-
» coup. M. de Caraman arriva dans ce moment avec
» les vingt-un bataillons, pour se mettre en seconde
» ligne ; mais il n'en eut pas le temps, car le général
» Hompesch, appuyé sur l'infanterie postée près du
» moulin de Wange, chargea avec un nombre si supé-
» rieur la cavalerie de l'Electeur, qu'il la rompit. Elle
» se rallia devant l'infanterie de M. de Caraman, et
» fut encore attaquée si brusquement, qu'elle fut
» rompue une seconde fois, et abandonna l'infanterie
» dans la plaine. M. de Caraman, se voyant à la merci
» de quatre-vingts escadrons ennemis, prit le parti de
» former un bataillon carré des deux brigades à la tête
» desquelles il était, et se retira avec beaucoup d'au-
» dace jusqu'au défilé de Nodoüe. Les quatre bataillons
» d'Alsace et de Fürstemberg furent chargés plusieurs
» fois par toute la cavalerie anglaise, qui fut reçue
» par un si grand feu qu'elle n'en approcha plus,
» et ces bataillons opérèrent leur retraite avec une
» fermeté extraordinaire ».

Les Gardes françaises et suisses allaient passer le
défilé de Nodoüe pour entrer en ligne ; mais l'Electeur, craignant que ces troupes et celles qui les suivaient, placées en ce moment dans une position
très-critique, ne fussent battues en détail à la sortie
du défilé, préféra supporter le faible échec subi par
la cavalerie, et assurer d'ailleurs sa retraite en con-
servant Louvain, Malines et Anvers.

PROVISIONS [1] *de Grand'-Croix de l'Ordre de Saint-Louis, accordées par S. M. le Roi* LOUIS XIV *au* Cte DE CARAMAN [2], *Lieutenant-Général de ses armées, pour une action distinguée.*

———

LOUIS, PAR LA GRACE DE DIEU, ROI DE FRANCE ET DE NAVARRE, Chef souverain, Grand-Maître et Fondateur de l'Ordre militaire de Saint-Louis, à tous ceux qui ces présentes Lettres verront, SALUT. Bien que par l'édit de création de notre Ordre militaire de Saint-Louis, il y ait été statué que les Grand'-Croix ne pourront être tirés que d'entre les Commandeurs, nous avons estimé devoir passer par-dessus cette règle en faveur de notre très-cher et bien-amé

———

[1] On trouvera dans la teneur des provisions dont nous rapportons ici le texte, une nouvelle preuve de la manière dont le grand Roi savait apprécier et récompenser les services qui lui étaient rendus. C'est sans doute comme grâce de plus que la promotion est datée du 18 juillet, jour même du combat.

[2] Second fils de Riquet, et grand oncle du duc de Caramau.

le Sieur DE CARAMAN, Chevalier dudit Ordre, l'un
de nos Lieutenans-Généraux en nos armées ; et sans
attendre même qu'il y eût de Grand'-Croix vacante,
l'élever à cette dignité, afin de le récompenser, par
cette marque de distinction, du service important et
recommandable qu'il vient récemment de nous rendre
au combat de Wange, où, avec onze bataillons, il
a soutenu tout l'effort d'une nombreuse armée, et
assuré, par ce moyen, la retraite de trente-cinq de
nos escadrons. Il avait, d'abord, rangé ses onze
bataillons sur deux lignes, sa droite appuyée aux
haies voisines du village de Wange que les ennemis
occupaient ; et par le feu de cette infanterie et de
onze compagnies de grenadiers postés à la tête des
haies, il a résisté pendant un temps considérable, et
même poussé vigoureusement celle des ennemis. Il
fut obligé ensuite de se déposter, et de s'avancer dans
la plaine pour couvrir notre cavalerie et lui donner
le temps de se rallier, comme elle le fit ; mais, enfin,
voyant qu'elle était obligée de céder à l'excessive
supériorité du nombre de celles des ennemis, ce fut
dans cette occasion qu'il sut glorieusement prendre
son parti, puisqu'au lieu de se tourner vers la droite,
où les haies rendaient la retraite de son infanterie
aussi assurée que facile, il ne crut pas devoir abandonner notre cavalerie ; de sorte qu'il n'hésita pas à
marcher au milieu d'une plaine découverte, où il n'y
a ni ravin, ni buisson ; et ayant fait mettre tous ces
bataillons ensemble, les drapeaux dans le centre, il
se fit jour, par le feu de la mousqueterie et les baïon-
nettes au bout du fusil, au travers de plus de quatre-
vingts escadrons ennemis suivis et soutenus de toute
l'infanterie de leur armée ; et malgré même plusieurs
décharges de canon qu'il eut à essuyer, il traversa
la plaine sans que les ennemis aient pu l'entamer.

Cette retraite, l'une des plus glorieuses qui se soit jamais vue, ne marque pas moins la capacité du premier ordre dans le chef qui l'a conduite, qu'une fermeté intrépide et un zèle pour le bien général de l'état ; et comme un service si signalé nous rappelle encore tous ceux qu'il nous a rendus depuis plus de quarante ans qu'il entra en qualité d'enseigne dans le régiment de nos gardes-françaises, et nous fait agréablement souvenir qu'il s'est acquitté de tous les commandemens divers qui lui ont été confiés d'une manière qui nous le fait considérer depuis long-temps comme un des meilleurs officiers-généraux que nous puissions avoir dans nos armées de terre, nous avons été bien aise, à l'occasion de sa dernière action, de lui donner un témoignage éclatant de la satisfaction que nous avons des services et de l'estime particulière que nous faisons de sa personne. A CES CAUSES, et autres à ce nous mouvant, Nous avons à notredit très-cher et bien-amé le Sieur DE CARAMAN accordé, et accordons par ces présentes, signées de notre main, la première place vacante de Grand'-Croix dans l'Ordre militaire de Saint-Louis, du nombre de sept destinées pour les Officiers de nos armées de terre ; voulons qu'en attendant ladite vacance, et dès à présent, il prenne le titre et qualité de Grand'-Croix ; que, comme tel, il porte la Croix avec le cordon large en écharpe, comme aussi une croix en broderie d'or, tant sur le juste-au-corps, que sur le manteau ; qu'il jouisse de tous les autres honneurs attribués à ladite dignité, et succède à la pension de six mille livres attachée à la place de Grand'-Croix qui viendra à vaquer, sans qu'il y ait besoin d'autre permission que des présentes, par lesquelles nous l'avons fait, constitué, ordonné et établi, faisons, constituons, ordonnons et établissons Grand'-Croix dudit Ordre militaire de

Saint-Louis, ayant, pour cet effet, dérogé à l'édit de création dudit Ordre, pour ce regard seulement.

FAIT à Versailles le 18e juillet 1705, et de notre règne la 63me

Signé LOUIS.

Et plus bas,

Par le Roi, CHAMILLARD.

NOTE D, page 82.

Plusieurs actions remarquables, notamment les affaires d'*Embeck*, en 1757, d'*Ossendorf*, de *Neuhaus* et d'*Eschershausen*, en 1761, signalèrent la carrière militaire du père du feu duc de Caraman dans le cours de la guerre de sept ans. Nous ne citerons que le détail de la première [1], qui eut lieu lorsqu'il se trouvait, comme colonel des dragons de son nom, sous les ordres du maréchal duc de Richelieu, le même avec lequel il avait déjà pris part, à l'âge de dix-huit ans, à la charge brillante de la Maison du Roi, qui enfonça la colonne anglaise à la bataille de Fontenoy, le 11 mai 1745. Il servait alors comme capitaine dans le régiment de Berry, cavalerie, et ce fut presque son début militaire.

---

[1] Voyez page suivante.

AFFAIRE d'Embeck [1], dans le pays de Lunebourg, où un corps de quatre cents dragons, réunis à cent hussards et cent chasseurs de Fischer, aux ordres du Mis de Caraman [2], battit un détachement de douze cents dragons et grenadiers à cheval hanovriens, soutenus par dix-huit cents hommes d'infanterie et deux pièces de canon, le tout commandé par le Cte de Schulenburg, général-major.

(4 *décembre* 1757).

Le 1er décembre 1757, le Mis de Caraman se trouvait à Pattensen (à trois lieues au nord-ouest de Lunebourg), avec quatre cents dragons de son régiment, vis-à-vis le pont de Ramsla occupé par les ennemis. La trêve venait d'être rompue. L'armée hanovrienne, commandée par le prince Ferdinand, était cantonnée le long de la rivière de la Lühe; l'armée française aux environs de Lunebourg.

M. de Caraman attendait une réponse au sujet d'un plan qu'il avait présenté, et dont l'objet était d'enlever

---

[1] On a cru devoir conserver l'orthographe de plusieurs des noms de lieux mentionnés dans cette relation, bien qu'elle ne soit pas toujours d'accord avec celle des cartes consultées, et notamment de la carte de Chauchard, l'une des plus estimées.

[2] Il portait alors ce titre, son père le Cte de Caraman, lieutenant-général, existant encore à cette époque.

lever un régiment de dragons ennemis, et il avait
demandé à cet effet un renfort de grenadiers
royaux. Le projet fut approuvé, et le renfort promis;
mais à minuit il reçut une dépêche du maréchal de
Richelieu, qui lui marquait que les choses avaient
changé de face; qu'au lieu d'attaquer l'ennemi, il
était destiné à faire l'arrière-garde de la colonne
de droite de l'armée, qui se retirait sur Zell, et dont
le mouvement était déjà commencé; qu'on lui envoyait
cent hussards et cent chasseurs du corps de Fischer,
et qu'il fallait qu'il se dirigeât avec ce détachement
et ses dragons sur la droite des cantonnemens ennemis, pour y occuper leur attention pendant la journée, et ensuite se replier par Ameliehausen sur
Briedel, y recevoir d'Ultzen le pain pour quatre jours,
et se porter le 4, à travers la bruyère, par Hermannsburg, sur Zell, et se cantonner en avant de
cette ville.

Cet ordre avait pour but de couvrir la marche
rétrograde de l'armée; l'accomplissement en était à
la fois délicat et périlleux, et c'est par cette double
raison, disait M. le maréchal de Richelieu, qu'il avait
fait choix de M. de Caraman pour le lui confier.

Aussitôt l'ordre reçu, le détachement se disposa à
marcher, et le 2, à cinq heures du matin, il lui fut
communiqué que l'armée, devant faire un mouvement pour attaquer l'ennemi, il était destiné à faire
l'avant-garde de l'aile gauche, et qu'il allait, en conséquence, se porter, en longeant la Lühe, vis-à-vis
l'aile droite de l'armée hanovrienne.

La troupe reçut cette nouvelle avec beaucoup de
joie : elle se mit en marche le 2 au matin, et arriva
vers le coucher du soleil près du village d'Olezen, en

7

avant de celui d'Eyendorf qu'occupait l'aile droite
de l'armée ennemie. Les hussards commencèrent à
escarmoucher avec ceux de l'ennemi, et les chassèrent
du village d'Olezen ; M. de Caraman mit ensuite ses
dragons en bataille derrière ce village et sur une
petite hauteur qui dominait la plaine; et au déclin
du jour, ayant observé quelque mouvement de la
part des dragons hanovriens, qui pouvait faire supposer une attaque, il fit défiler son monde sur la hauteur, en faisant le tour par derrière pour y repasser
encore, de manière à ce que cette marche vue de
loin avec une lunette, sur le ciel éclairé par le soleil
couchant, pût donner l'idée de la présence d'une
force plus considérable ; il espérait par ce moyen ne
pas être inquiété pendant la nuit, et il comptait être
bien loin au point du jour.

Dès que la nuit fut venue, laissant quelques hussards
dans le village d'Olezen, il fit bivouaquer ses quatre
escadrons et le reste des hussards autour du village
d'Eyendorf; l'infanterie de Fischer restait en avant
de front pour soutenir au besoin l'avant-garde des
hussards. On fit commander des chariots, des four-
rages et des logemens pour l'armée qui devait, disait-
on, arriver le lendemain : la nouvelle ne pouvait
manquer de s'en répandre dans le camp des ennemis,
et de les rendre plus circonspects.

M. de Caraman avait donné ordre d'allumer beaucoup de feux, pour faire paraître son bivouac bien
plus considérable qu'il ne l'était en effet. A minuit il
fit prendre sans bruit les armes à tout le détachement, fit venir un guide, et ne lui dit le point vers
lequel il voulait se diriger que lorsqu'on fut en marche, les dragons faisant l'avant-garde, les Fischer
l'arrière-garde et la dernière troupe entretenant les

feux jusqu'au dernier moment. Lorsque la colonne fut formée, il dit à son guide de prendre le chemin d'Ameliehausen, et ayant rencontré un bailli, il l'obligea à le suivre, pour empêcher qu'il ne donnât avis à l'ennemi de ce qui se passait. Arrivé à Ameliehausen, il traversa le ruisseau d'Emburg, fit reposer et manger sa troupe, et ayant essayé, mais sans succès, de rompre le pont, il dit à ses dragons : « qu'à tout prendre il en était bien aise, pour que » l'ennemi pût, s'il le voulait, arriver jusqu'à eux ».

Le 3 décembre au soir, on arriva à Briedel, joli bourg où le détachement bivouaqua, ayant des postes à Schadensen et des patrouilles sur le chemin d'Ameliehausen. M. de Caraman envoya sur-le-champ un petit détachement à Ultzen, pour y prendre du pain pour quatre jours selon l'ordre qu'il en avait reçu; mais ne voyant rien venir à dix heures, et la patrouille n'ayant aperçu aucune troupe, il se détermina à partir sans attendre le pain, et envoya un officier pour contremander le convoi ou le faire retourner à Ultzen, comptant vivre de ce qu'on trouverait dans le pays; mais comme il se mettait en marche sur le chemin d'Hermannsburg le convoi arriva.

La colonne fut alors formée dans l'ordre suivant : un piquet du régiment de Caraman ; les quatre escadrons, l'infanterie de Fischer et les hussards ; le pain et les bagages placés entre les deux premiers escadrons et les deux derniers. M. de Caraman prit les devants, et s'avança vers le village d'Orle à l'entrée d'une bruyère de sept lieues d'étendue.

Le piquet avait déjà dépassé ce village, et il s'occupait d'une reconnaissance à faire par l'avant-garde, lorsque, jetant les yeux sur la colonne que formait

*

son détachement, entre Orle et Brokenhoven, elle lui parut être beaucoup plus longue qu'il ne pouvait le supposer, ne se doutant pas toutefois que ce fût l'avant-garde ennemie qu'il apercevait. Quelques coups de fusil l'en avertirent bientôt, et il vit sa colonne se mettre en bataille.

Repassant alors le village d'Orle à toute bride, il vint droit à son régiment, et commença par diriger les équipages et le convoi de pain sur Ultzen, où se trouvait le Cte de Villemur avec dix mille hommes; et voyant sur sa droite, dans cette direction, une petite hauteur derrière laquelle apparaissaient des arbres, ce qui indiquait un village, et probablement un ruisseau et un pont, il avisa également de ce côté une espèce de remise de broussailles, qu'il envoya bien vite occuper par l'infanterie Fischer. Ordonnant ensuite à ses quatre escadrons de se déployer sur le coteau, leur gauche appuyée à la remise, il resta un moment à escarmoucher avec l'ennemi, au milieu des hussards, soutenus par un piquet de dragons, afin de reconnaître quel pouvait être son dessein.

Il aperçut bientôt une forte colonne de cavalerie, dont il ne voyait pas la fin, débouchant de Brokenhoven, et se dirigeant sur Orle. Alors, se portant sur la hauteur qu'occupaient ses dragons, pour en étudier le revers, il s'assura avec satisfaction qu'un marais couvrait la droite de sa position, et qu'un village, un ruisseau et un pont favorisaient au besoin sa retraite. Il ordonna, en conséquence, au quatrième escadron de se porter dans les haies à droite du pont, et d'y mettre pied à terre, tandis que les cent hommes d'infanterie de Fischer s'établissaient dans les haies à gauche, de manière à pouvoir croiser leur feu avec celui des dragons.

L'ennemi marchait toujours parallèlement à la position prise par M. de Caraman, et il crut d'abord qu'il voulait suivre le chemin d'Orle pour le devancer à Hermannsburg. Il commença dès-lors son mouvement de retraite pour passer à temps le défilé, lorsque la ligne ennemie, ayant fait *à gauche en bataille* s'ébranla sur lui au galop.

M. de Cléry, lieutenant-colonel de Fischer, officier expérimenté, dit tout bas à M. de Caraman, qu'il n'avait pas le temps de passer le défilé, et qu'il fallait faire face le plus promptement possible, et charger sans hésiter. M. de Caraman le remercia de son avis, et lui dit que ce serait bientôt fait. Effectivement il rappela sur-le-champ l'escadron déjà engagé dans le défilé, fit remonter à cheval celui auquel il avait fait mettre pied à terre, et ayant placé un escadron en potence sur son flanc pour l'opposer aux escadrons ennemis, qui, sans cette précaution, auraient pu l'envelopper; sûr que sa droite était garantie par le marais, il fit sonner la charge, et s'abandonna avec les deux escadrons de l'arrière-garde sur les ennemis; mais comme ceux-ci en avait huit, et que la force des chevaux et des hommes, ainsi que leur nombre, pouvaient faire impression sur sa petite troupe, il imagina de crier : *tête au centre* (commandement de l'ordonnance), pour détourner la vue des siens de la masse qu'ils avaient à affronter, et il ajouta : *Vive le Roi ! vous voyez qu'ils s'enfuient* (ce qui était loin de se réaliser alors).

Les dragons ainsi animés chargèrent vigoureusement, et pénétrèrent dans les rangs ennemis, croisant leurs sabres avec les Hanovriens. M. de Caraman, qui était à la tête de sa troupe avec un cheval infiniment plus petit que ceux qui lui étaient opposés,

reçut du premier rang un coup de sabre qui glissa
sur son bras gauche, et un autre coup qui porta
sur son chapeau et le jeta par terre. Un homme du
second rang lui porta un coup sur la tétière de son
cheval, qu'il coupa à moitié, et un autre le poussant
de son genou dans l'estomac, le culbuta lui et son
cheval ; mais dans l'instant, il ramassa un chapeau
d'hanovrien au milieu de la mêlée, et ayant été
remonté par un de ses dragons, il fut de nouveau en
état de combattre.

Pendant ce temps deux escadrons ennemis, qui
avaient tourné sa gauche, attaquèrent celui de M.
de la Brulerie qui était en potence ; mais ils furent
reçus si vigoureusement, et fusillés de telle sorte
par les cent grenadiers de Fischer postés dans les
haies, sur le flanc droit de leur attaque, qu'ils furent
mis en déroute, contribuèrent à jeter le désordre
dans le centre ; et l'escadron de la Brulerie, ayant
fait un quart de conversion à droite, fut bientôt en
ligne avec les deux escadrons à la tête desquels M.
de Caraman avait chargé, et qu'avait rejoint celui
qui avait précédemment mis pied à terre.

On vit alors les ennemis se reformer, et une grosse
colonne d'infanterie qui s'avançait avec du canon.

M. de Comminges Sieurac, capitaine, bien que
presqu'aveuglé par son sang, ayant reçu plusieurs
coups de sabre sur la tête, proposa à M. de Caraman
de marcher encore à l'ennemi pour achever sa
déroute ; mais son colonel lui fit remarquer que
l'avantage remporté était aussi complet qu'inattendu ;
que l'ennemi, ayant reçu des renforts, et revenu du
premier étonnement qui résultait encore d'une attaque aussi vigoureuse, pourrait en faire perdre tout

le fruit ; que rien ne s'opposait en ce moment à ce que l'on passat le pont pour le rompre ensuite, et se retirer sur Ultzen avec tous les blessés, les prisonniers et un grand nombre de chevaux pris ; que les équipages étaient en sureté, qu'enfin il y avait un point où il fallait avoir la prudence de s'arrèter ; M. de Comminges convint de la justesse de ces raisons, et la retraite s'opéra en si bon ordre jusqu'à Ultzen, que l'ennemi, malgré sa supériorité en nombre, n'osa inquiéter le détachement.

Le corps hanovrien, commandé par M. le Cte de Schulenburg, général-major, était composé de quatre forts escadrons de dragons de Breitenbach, d'un piquet et d'un escadron de grenadiers à cheval, de deux escadrons de chasseurs, et d'un corps d'infanterie avec du canon, environ trois mille hommes ; M. de Caraman n'en avait que six cents en tout.

Onze officiers du régiment de Caraman furent blessés, dont trois faits prisonniers ; il y eut cinq à six dragons tués et soixante-quinze blessés. La perte des ennemis en morts fut beaucoup plus considérable. On compta parmi ceux-ci trois de leurs officiers. Le général et plusieurs officiers supérieurs furent blessés, dont un très-dangereusement.

On ramena à Ultzen les prisonniers, et quatre-vingt chevaux de la plus grande beauté.

Après l'action, les capitaines du régiment de Caraman, qui avaient eu quelques discussions avec leur colonel, relativement à l'entretien de leurs compagnies, l'entourèrent couverts de sang et de blessures, et M. de la Brulerie, premier capitaine, portant la parole, lui dit : « Mon colonel, nous avons » eu quelques discussions avec vous ; mais nous n'en

» aurons plus jamais ; vous nous avez conduits à la
» gloire ; vous vous êtes montré bien digne du com-
» mandement : oublions nos dissentiments ; *le sabre a*
» *passé là-dessus;* permettez-nous de vous embrasser ».

M. de Caraman les embrassa de tout son cœur , et
ses joues étaient teintes du sang de ces braves gens,
auquel vinrent se mêler ses larmes et les leurs ; car
cette scène émut vivement ceux qui en faisaient partie,
comme ceux qui en furent témoins.

Le soir le détachement arriva à neuf heures à
Ultzen, et les grenadiers de quatre compagnies de
Champagne qui s'y trouvaient vinrent prendre chacun deux dragons ou deux Fischer, pour leur donner
à souper. Ils avaient illuminé la ville, et ils dirent aux
dragons de Caraman *qu'ils étaient de bons grenadiers.*
En un instant le détachement fut ainsi dispersé, et
l'on entendait crier de toutes parts : *vivent les braves*
dragons de Caraman et les braves Fischers.

LETTRES

Se rapportant à l'affaire d'Embeck, et pour la plupart adressées au Mis de Caraman [1].

De M. le Maréchal DE RICHELIEU.

Zell, 5 décembre 1757.

Je ne puis vous dire, Monsieur, la joie que me cause l'action brillante que vous venez d'avoir, et qui s'accroît de la pensée que c'est vous qui avez commencé à donner un si bon exemple à l'armée. Il ne tiendra pas à moi que, vous et votre régiment, n'en recueillez le fruit. Vous savez combien je vous aime et tous les vôtres, et vous ne pouvez douter des sentimens, etc.

---

[1] Ces lettres, bien que très personnelles, et du domaine des archives de famille, ont été choisies parmi un assez grand nombre se rapportant au même objet, parce qu'elles ont paru se rattacher au caractère de l'époque, et attester l'existence de ces sentimens d'honneur national qui se manifestaient dans toutes les classes, même au milieu de ce que l'on a trop justement à reprocher à l'esprit prédominant du 18me siècle.

De M. le Cte DE NOAILLES.

5 décembre 1757.

Je suis comblé de joie, mon cher Marquis, de l'action brillante que vous et votre brave régiment venez de faire. J'ai reçu chez moi M. de Comminges, un maréchal-des-logis et quinze dragons blessés, mais peu dangereusement, hors deux. Je viens de faire partir M. de Comminges pour Zell, et vos dragons ont été en état de suivre à cheval.

Je vous réitère mon compliment, etc.

De M. le Duc DE BROGLIE à Mme DE CARAMAN mère.

Zell, 7 décembre 1757.

Je vous fais mon compliment de tout mon cœur, Madame, sur l'aventure heureuse que vient d'avoir monsieur votre Fils. Il a fait tout ce qu'il y avait à faire, comme il le fallait faire, et pas plus qu'il ne fallait : c'est la perfection, et elle se rencontre rarement à son âge. Ce qui doit vous flatter encore davantage, c'est que tout le monde fasse son éloge et paraisse enchanté de ses succès. Personne n'en est surpris, et il n'a fait que tenir ce que l'on se promettait de lui. Jouissez, Madame, de sa gloire. Je vous assure que personne

ne prend plus de part que moi à votre satisfaction,
et c'est la seule dont je puisse être susceptible dans
la triste circonstance où je me trouve [1], etc.

De M. le Duc DE CHEVREUSE.

Choisy, 14 décembre 1757.

Le Roi a eu la bonté de m'apprendre, Monsieur,
la brillante action dans laquelle, vous et votre régiment, vous êtes distingués avec tant d'éclat. Vous
sentez quelle part j'ai pris à ce glorieux succès, et
la joie qu'il m'a causé. J'ai été assez heureux pour
trouver l'occasion de dire au Roi, de vous et de
votre régiment, tout ce que j'en pensais; flatté de
rendre justice au mérite, j'en ai saisi le moment
favorable, et le Roi m'a paru être instruit, depuis
long-temps, de la façon dont vous le servez et dont
vous le faites servir par ceux que vous commandez;
d'où je conclus que je n'étais pas le seul qui lui en
eût déjà parlé plusieurs fois.... Vous connaissez, etc.

De M. le Cte DE LORDAT, Capitaine de gendarmerie.

Paris, 14 décembre 1757.

Je ne puis vous exprimer, mon cher Caraman, la
joie que j'ai ressenti hier quand Mme de Caraman

---

[1] Il venait de perdre le Cte de Revel, son frère.

me montra la lettre qu'elle a reçue de vous, et celle
que M. de Richelieu lui écrit, au sujet du succès
que vous avez obtenu contre ces grands colosses
d'Hanovriens. Vous avez vengé la nation, et j'aime
mieux vous avoir pour ma part cette obligation qu'à
tout autre. Votre action est très-brillante : M. de
Richelieu la fera valoir tout ce qu'elle vaut ; ainsi,
vous devez vous attendre aux grâces de la cour :
personne n'y applaudira, je vous assure, de meilleur
cœur que moi, et ne vous les désire plus grandes.

De M. le Cte DE BOUSSU, depuis P^{ce} d'HÉNIN et beau-frère du Mis de Caraman.

Paris, 16 décembre 1757.

...... Vous ne trouverez sûrement pas mauvais, mon
cher frère, que je vous fasse compliment sur votre
victoire, et sur la manière sage dont vous avez conduit une affaire aussi critique que la vôtre. Je vous
y reconnais toujours, mon cher frère, et j'espère
qu'incessamment ce ne seront plus dix escadrons seulement qui ne pourront tenir devant vous et votre
régiment ; mais dix bataillons et dix escadrons, car
tout plie à votre approche.

De M. DES TOURNELLES, ancien Capitaine de grenadiers, auquel M. de Caraman avait été confié, lorsqu'il fit sa première campagne, à l'âge de quinze ans.

Paris, 16 décembre 1757.

J'ai appris avec la plus grande satisfaction, mon très-cher et très-aimable pupille, la brillante action qui vient de se passer sous vos ordres. Au récit que l'on m'en a fait, je me suis senti des entrailles de gouverneur. Comme c'est moi qui vous ai mené le premier à la guerre, je me crois en droit de partager avec vous tout l'honneur que vous y acquerrez, et vous me mettrez souvent dans ce cas, par les dispositions que je vous connais pour ce métier-là, et par la volonté déterminée que vous avez d'y réussir. Vous venez d'en donner une preuve éclatante. Rien de mieux, en effet, que vos précautions pour assurer votre retraite; et quoique vous n'en ayez pas eu besoin, puisque vous avez battu tout ce qui s'est présenté devant vous, c'est cependant ce que les connaisseurs approuveront le plus dans votre manœuvre toute vigoureuse et brillante qu'elle soit d'ailleurs, parce que c'est ce qui prouve le sang-froid et la capacité. Je vous fais mon compliment de tout mon cœur, et profite avec grand plaisir de cette occasion pour rappeler à votre souvenir un gouverneur qui conservera toute sa vie pour son cher pupille les sentimens les plus vifs et les plus tendres.

Extrait d'une lettre de Versailles.

18 décembre 1757.

Votre affaire fait beaucoup de bruit ici. Le Roi en
parla au rendez-vous de chasse mercredi dernier,
et un de mes amis lui entendit dire : « le petit Caraman
» a eu une action fort brillante. Il a croisé le sabre
» avec les Hanovriens, et en a battu un corps double
» du sien,.... ».

Je vous mande les propres termes dont on s'est
servi pour que vous jugiez mieux de leur prix.

De Mme la Princesse DE CHIMAY, belle-mère du Mis de Caraman.

18 décembre 1757.

Je vous embrasse de bien bon cœur, mon cher
petit gendre ; et c'est pour vous remercier de toute
la joie que me cause ce qui vient de vous arriver.
A Versailles, à Paris, ici, tout retentit de votre
gloire ; les nouvelles publiques et particulières, tout
en parle ; enfin, rien dans le monde ne doit autant
vous flatter que la justice universelle qui vous est
rendue, et que la part qu'y prennent tous ceux à
qui vous appartenez. Le roi de Pologne veut bien
s'y intéresser, et j'espère que cette action vous vau-
dra un grade dont vous ne serez pas plus flatté que
votre belle-mère, etc.

De M. le M^ls DE PAULMY, Ministre de la guerre.

Versailles, le 26 décembre 1757.

Je viens, Monsieur, de rendre compte au Roi des lettres que M. le maréchal duc de Richelieu m'a écrites sur l'action qui s'est passée le 4 de ce mois, entre le détachement de troupes françaises qui était sous vos ordres et un corps de troupes hanovriennes.

Les témoignages avantageux que le Maréchal rend de votre jugement, de votre sang-froid et de la précision avec laquelle vous avez fait vos dispositions, ont déterminé Sa Majesté à vous accorder le grade de brigadier. C'est une grâce dont je vous fais d'autant plus volontiers mon compliment, que vous devez la regarder comme une preuve de l'attention de Sa Majesté à récompenser sur-le-champ les sujets qui le servent aussi utilement.

Elle a vu avec plaisir, par le détail que vous avez fait de toutes les circonstances de cette brillante manœuvre, que vous avez été parfaitement secondé des officiers de votre régiment, et de ceux du corps des chasseurs de Fischer qui faisait partie de votre détachement. Elle est on ne peut plus satisfaite des éloges que vous donnez à la bravoure que les uns et les autres ont montré à cette occasion, et elle a bien voulu leur accorder les grâces contenues dans l'état ci-joint.

J'ai l'honneur, etc.

Grâces accordées par le Roi.

Régiment de dragons DE CARAMAN.

Les Sieurs De Caraman, Mᵉ-de-Camp, ...	Grade de Brigadier.
Pinon de Villeneuve, Capitaine, ...	La croix de Sᵗ-Louis et pension de 400 liv.
Comminges de Sieurac, Capitaine, ...	Pension de 400 liv.
La Chatenière, Capᵉ aide-major, ...	Gratification de 400 liv.
Le Feron, Capitaine, ..	*Idem.* de 500 liv.
Dussauray, Lieutenant,	La croix de Sᵗ-Louis, et gratification de 300 liv.
Dindy, Lieutenant, ...	Gratification de 300 liv.
Porcy de Sacère, Lieutenant, ...	*Idem* de 300 liv.
Chellans, Lieutenant, .	*Idem* de 300 liv.
Tilly, Mᵃˡ-des-Logis, ..	*Idem* de 150 liv.
Liénard, *Idem*, ...	*Idem* de 150 liv.

Corps des Chasseurs de FISCHER.

Les Sieurs Clery, Major avec rang de Lᵗ-Colonel, .	Pension de 500 liv.
Bᵒⁿ de Clasnapp, Capᵉ en 2ᵈ de Cavalerie, .	Gratification de 400 liv.
Groof, Capᵉ en 2ᵈ d'infanterie, ...	*Idem* de 400 liv.
Hoym, aide-major, ...	pension de 200 liv.

De

De M. le Cte DE GUERCHY, Lieutenant-Général, Colonel du régiment du Roi.

Versailles, 26 décembre 1757.

C'est de bien bon cœur, Monsieur, je vous assure, que je vous fais mon compliment sur le grade de Brigadier que le Roi vient de vous accorder, qui est d'autant plus flatteur pour vous, qu'il est la récompense d'une très jolie action, à laquelle j'ai pris toute la part possible. La façon dont vous vous y êtes conduit à tous égards ne m'a pas surpris, sachant bien d'avance ce que vous étiez capable de faire en pareille occasion.

De Mgr l'Évêque de Comminges à Mme de Caraman.

Montpellier, le 26 décembre 1757.

Qu'il est flatteur, Madame, pour M. de Caraman, d'avoir pu montrer aux ennemis ce qu'une poignée de Français est capable de faire quand elle est bien conduite. Il s'est comblé de gloire. Je crois que vous en recevez le compliment avec une grande satisfaction. Pour moi, je m'en acquitte vis-à-vis de vous avec tout l'empressement que m'inspire l'intérêt que je prends à sa réputation et à votre bonheur, etc.

8

De Mme la P^{sse} DE CHIMAY à sa fille.

(Extrait).

29 décembre 1757.

Eh bien ! ma fille, votre petit héros est brigadier, et ce n'est pas vous qui me l'apprenez ! J'aurais bien à vous le reprocher, si je ne vous croyais pas la tête un peu tournée ; et je conviens qu'il y a quelque raison pour cela. Je vous félicite donc d'un si juste enthousiasme, et vous ne douterez pas de ma joie d'un succès auquel toute ma famille a pris une part très-sensible, me chargeant bien de vous le dire.....

———

Quant aux trois autres affaires, nous n'en dirons que quelques mots, en regrettant de ne pouvoir en joindre ici le détail, ainsi que plusieurs lettres analogues aux premières qui s'y rapportent.

La retraite d'*Ossendorf* (18 août 1761), que M. le Cte de Caraman opéra en bon ordre avec sa brigade, qui obtint même quelques succès d'arrière - garde, devant sept à huit mille hommes commandés par le prince héréditaire de Brunswick [1], lui valut des éloges

———

[1] Ce même Prince devenu duc régnant de Brunswick rappela avec une grâce parfaite ce fait d'armes à M. de Caraman, lorsqu'il se trouva, par suite des malheurs de l'émigration, venir demander asyle et protection à celui qu'il avait combattu.

flatteurs de la part des maréchaux de Broglie et de Richelieu.

L'affaire de *Neuhaus* (13 septembre même année) , qui eut lieu entre sa brigade et le corps du général Mansberg, coûta à l'ennemi plus de quatre cents hommes blessés ou pris, tous ses équipages, trois pièces de canon, un drapeau et beaucoup de chevaux. Le général lui-même fut un moment pris, mais délivré dans la mêlée [1].

Enfin, le 8 octobre 1761 eut lieu le combat d'*Eschershausen*, où le Cte de Caraman ayant rencontré avec environ mille hommes, près de Hall, le corps de Stockhausen, égal au sien, l'attaqua, le battit, lui tua beaucoup de monde et fit soixante-dix prisonniers, parmi lesquels se trouvait M. de Stockhausen ; puis, réuni à M. de Chabot, il effectua sa retraite dans le meilleur ordre devant toutes les forces du général

---

[1] C'est à cette occasion que le maréchal de Richelieu, qui appelait M. de Caraman *son petit héros*, écrivait à Mme de Caraman la lettre ci-contre :

Fontainebleau, le 3 Octobre 1761.

J'ai vu avec joie, Madame, et sans étonnement, le détail que vous avez bien voulu m'envoyer des exploits de mon petit héros. Je suis bien sensible à cette marque d'amitié de sa part; mais je ne serai jamais surpris de tout ce qu'il fera de sage et de grand. Je lui ai voué, il y a déjà long-temps, estime et amitié, et je vous supplie d'être bien persuadée, Madame, qu'il est impossible de vous être attaché avec plus de respect que je ne le suis.

(Signé) Le M^al DE RICHELIEU.

Luckner, qui arrivait d'Hildesheim, et nonobstant plusieurs attaques très vives que la cavalerie eut à soutenir.

Note E, page 83.

Voici le texte du rapport adressé au Roi par le Ministre de l'intérieur, et par suite duquel le diplôme de la médaille a été delivré au duc de Caraman le 25 février 1837, « afin (ce sont ses termes) de » perpétuer dans sa famille, et au milieu de ses con-» citoyens, le souvenir de son honorable et coura-» geuse conduite».

Rapport au Roi [1].

Paris, le 25 février 1837.

SIRE,

Le désir de se rendre utile à son pays a conduit M. le duc de Caraman en Afrique. Spectateur volontaire de l'expédition de Constantine, il a partagé les dangers de l'armée; il s'est associé à toutes ses fatigues, il a supporté toutes ses privations. La conduite de M. le duc de Caraman, sous ce rapport, n'a rien qui puisse surprendre ; l'élévation de ses sentimens est connue. Mais le Gouvernement de Votre Majesté ne doit pas laisser dans l'oubli les faits particuliers qui s'y rattachent, et que l'honorable modestie de leur auteur rend encore plus digne de la reconnaissance publique.

---

[1] Voir le Moniteur du 8 mars 1837.

Dans cette campagne, où à chaque pas de la retraite il fallait combattre, on a vu M. le duc de Caraman braver le fer des Arabes, pour relever les blessés et les hommes exténués de fatigue, les porter lui-même aux ambulances, revenir au lieu du danger, et sauver ainsi un grand nombre de nos braves soldats, qui n'étaient faibles que parce que le besoin et la nature épuisée leur refusaient d'être forts.

Le Roi a institué une récompense nationale pour le courage civique. V. M. pensera, sans doute, que cette récompense est justement acquise au duc de Caraman. J'ai l'honneur, en conséquence, de vous proposer, Sire, de la lui décerner, et de m'autoriser à faire frapper, pour lui être remise au nom de V. M., une médaille d'honneur en or, qui recevra à son revers l'inscription suivante :

A
M. LE DUC DE CARAMAN
PAIR DE FRANCE
POUR SON GÉNÉREUX DÉVOUEMENT
A SECOURIR
NOS SOLDATS BLESSÉS

—

EXPÉDITION DE CONSTANTINE
AFRIQUE — 1836

(Signé) GASPARIN.

Approuvé au palais des Tuileries, le 25 février 1837.

(Signé) LOUIS PHILIPPE.

Par le Roi,

Le Ministre de l'intérieur,

GASPARIN.

NOTE F, page 83.

Lettre de S. M. le Roi de Prusse à M. le Duc DE CARAMAN, au sujet de l'envoi qui lui avait été fait d'une empreinte de la médaille [1].

Monsieur le Duc, vous avez montré pendant l'expédition de Constantine un dévoûment et un courage dignes de la récompense flatteuse qui vient de vous être accordée. Elle perpétuera dans votre famille le souvenir de votre amour pour la patrie, et de votre touchante sollicitude pour vos compagnons d'armes. C'est avec un véritable plaisir que j'ai reçu l'empreinte de la médaille que vous m'avez envoyée, et je vous en remercie, ainsi que des sentimens que vous m'exprimez dans votre lettre du 10 du mois passé. J'y réponds en vous assurant de la continuation de l'estime distinguée que je vous ai vouée depuis long-temps, et sur ce, monsieur le Duc, je prie Dieu qu'il vous ait en sa sainte et digne garde.

Berlin, ce 15 juin 1837.

(Signé) FRÉDÉRIC GUILLAUME.

---

[1] Cet envoi s'explique par les anciens rapports de M. de Caraman avec S. M. le Roi de Prusse qui lui avait donné asyle à Berlin pendant les malheurs de l'émigration, et lui avait même assigné le rang de colonel dans ses armées.

Note G, page 82.

La santé du duc de Caraman qui s'était si heureusement soutenue pendant la retraite, et nonobstant
les fatigues encore éprouvées dans le voyage qui le
ramena à Paris, reçut cependant quelqu'atteinte après
l'époque de ce retour au milieu des siens. Une forte
crise de dyssenterie survenue alors seulement, inspira
d'assez vives inquiétudes, et ce fut pour célébrer sa
convalescence que les vers suivans lui furent adressés
par un de ses fils, à la suite d'un banquet de famille.

Sur ce triste et lointain rivage
Où furent exposés tes jours,
Quand tout raconte ton courage,
A ce juste et touchant hommage
Veux-tu te dérober toujours ?
Non, non, de cette pure gloire
Conquise par ta noble ardeur
Conservons toujours la mémoire :
N'en recueillons-nous pas l'honneur ?
Mais, tremblante encor pour ta vie
Que tu risquas pour des Français,
Ta famille ici réunie
Veut t'entourer de ses souhaits.
Que la voix de notre tendresse
Vienne donc parler à ton cœur ;
Qu'elle te dise cette ivresse
Toujours compagne du bonheur ;

Maintenant, plus de tel voyage ;
Tu te dois à nous désormais,
Et puisque le temps, comme l'âge,
Ont de toi détourné leurs traits ;
Du ciel reconnaissant l'ouvrage,
Dans le plus cher de ses bienfaits,
Acceptons cet heureux présage,
Et jouissons-en tous en paix.
Au présent le passé fidèle
Ainsi garantit l'avenir ;
Et cette fête sera celle
De l'espoir et du souvenir [1].

Il était trop vrai cependant que le résultat des souffrances éprouvées dans cette campagne devait se faire sentir plus tard, et il est à peu près certain qu'elles ont contribué à hâter le douloureux événement que sa famille a eu à déplorer trois ans après.

---

[1] Les quatre derniers vers sont une réminiscence d'un couplet composé pour une fête en Normandie. Si l'auteur les reconnaît, il pardonnera le plagiat en faveur du motif qui l'a suggéré.

FIN DES NOTES.

ERRATA.

—

Par une erreur du prote qui a cru, sur la foi d'une ancienne édition du dictionnaire de Vosgien, devoir modifier l'orthographe du mot *Bone* ou *Bône*, écrit ainsi sur le manuscrit du duc de Caraman, il se trouve imprimé *Bonne* aux pages 26, 27, 28, 29, 32, 35, 36, 37 et 47 du présent écrit. Le lecteur voudra bien rectifier cette inexactitude, comme celles qui auront pu se glisser dans la reproduction de quelques noms et mots arabes.

Le mot *arabe*, employé comme substantif, devrait être imprimé *Arabe* aux pages 21, 24, 36, 44, 48, 52, 64.

Pag. 95, après Note D, *lisez* 84 au lieu de 82.

—

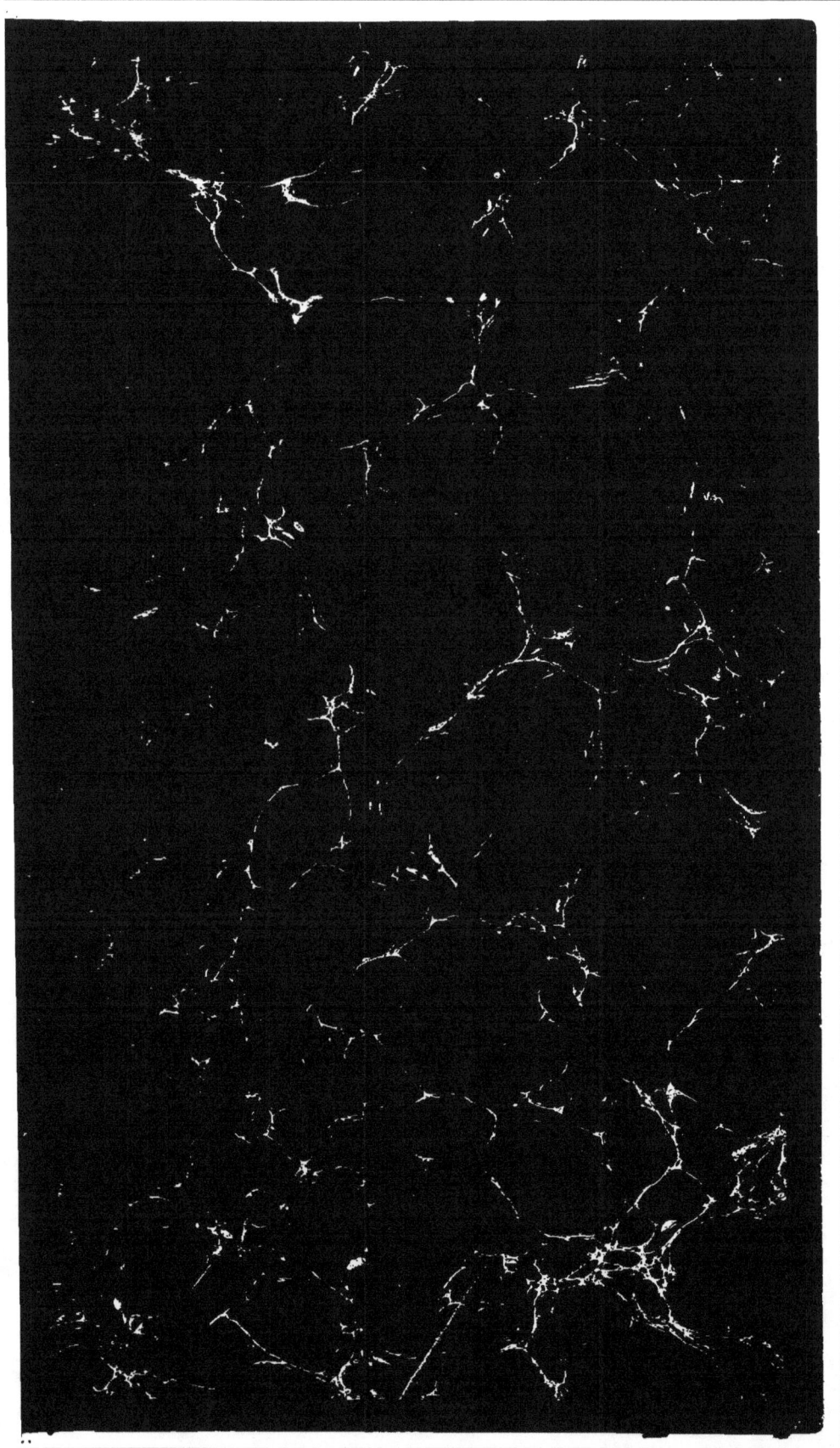

www.ingramcontent.com/pod-product-compliance
Lightning Source LLC
Chambersburg PA
CBHW060156100426
42744CB00007B/1051